R 프로그래밍

With Workflow Design

박관영 · 김경민 지음

자유아카데미

머리말

R은 통계 분석과 데이터 과학 분야에서 오랜 역사를 가진 강력한 도구이다. R은 데이터 분석을 배우는 데 널리 사용되는 도구로, 관련 기초 자료와 입문서를 서점이나 인터넷에서 쉽게 찾아볼 수 있다. 많은 사람들이 이러한 자료를 통해 R의 기초 문법과 기본적인 데이터 분석 방법을 익히며 첫걸음을 내딛는다.

하지만 R의 기초를 넘어 실제 문제를 해결하는 데 필요한 중급 수준의 프로그래밍 기술과 지식을 다룬 자료는 상대적으로 부족하다. 중급 사용자들을 위한 책이 부족한 데는 나름의 이유가 있다. 이 단계의 사용자들은 공식 문서, 논문, 원서 등 전문 자료에서 필요한 지식을 스스로 습득할 수 있으며, 인터넷에서 소스를 확보하고 약간의 연구를 통해 문제를 원하는 방향으로 해결할 수 있는 역량을 갖춘 경우가 많다. 그러나 모든 학습자에게 이 과정이 자연스럽게 이루어지는 것은 아니다. 방향을 상실하거나 흥미를 잃어 중급자의 함정을 극복하지 못하는 경우도 자주 볼 수 있다.

기초적인 수준을 넘어선 기술과 통찰을 획득하지 못하는 경우 실무에서 데이터 분석 혹은 연구를 수행할 때 생산성을 높이는 데 한계에 부딪히게 된다. 기초 문법을 이해하면 다른 사람의 간단한 코드나 분석 결과는 이해할 수 있지만, 직접 무언가를 생산해 내는 연습이 되어 있지 않기 때문이다. 이는 R의 언어적 성격과도 관련이 있다. 프로그래밍 언어도 결국 언어이기 때문에 기초 문법을 넘어서 실제로 활용하는 과정을 거쳐야 비로소 익숙해질 수 있다.

이 책은 프로젝트 워크플로 관점에서 실전적 응용을 위한 중급 프로그래밍 지식을 다루고 있다. R의 기초를 이미 익힌 학생, 연구자, 실무자를 대상으로, 실제 프로젝트에서 바로 활용할 수 있는 기술과 응용 방법을 안내하고자 한다. 이를 통해 독자는 자신의 프로젝트에 필요한 기능을 직접 구현하거나, 다른 도구를 이해하고 변형하여 적용하는 데 도움을 받을 수 있을 것이다.

본문은 총 5개의 파트로 구성되어 있다. Part I에서는 작업 환경 설정과 프로젝트 관리의 기본을 학습한다. Part II부터 Part IV는 이 책의 핵심 내용이다. 그동안 대학

원생, 학부 연구생, 개발자 그룹 등을 대상으로 한 R 강의를 바탕으로 책의 내용을 구성하였다. 많은 학습자들이 중급 단계로 나아가며 어려움을 겪는 지점은 R이 프로그래밍 언어로서 지닌 기능을 이해하고 활용하는 부분이다. R은 SPSS와 같은 통계 소프트웨어와 달리, 자체적으로 프로그래밍이 가능한 언어로 다양한 함수와 기능을 직접 구현하고 관리할 수 있다. 이러한 내용을 Part II와 Part III에서 집중적으로 다룬다. 이후 Part IV에서는 통계적 추론을 위한 패키지를 직접 코딩해 본다. Part V에서는 분석 및 프로그래밍 결과물의 커뮤니케이션과 배포에 대해 다룬다. Part VI에는 본문 이해에 도움이 될 수 있는 부록이 수록되어 있다.

실전적 지식을 공유하기 위해 이 책은 사전식 구성을 의도적으로 피하였다. R의 기초 문법과 주요 패키지를 나열하여 설명하는 방식은 두꺼운 사전식 매뉴얼을 만들 수 있으나, 이를 통해 프로그래밍을 학습하는 것은 마치 영어 회화를 영어 사전으로 공부하는 것과 같다. 이러한 접근을 피하기 위해 이 책은 기초 문법 설명을 최소화하고, 주요 개념 위주로 설명하며 필요한 경우 레퍼런스를 제공한다. 대신 전체 워크플로를 보여주는 예제를 수록하고, 핵심 파트 뒤에 프로젝트 챕터를 배치하여 해당 내용이 실제로 어떻게 활용되는지를 학습할 수 있도록 하였다.

책에 수록된 주요 예제 코드는 GitHub 저장소(https://github.com/kybak90/R_programming_workflow_book)를 통해 확인할 수 있으며, 실습이나 코드 흐름을 따라가며 학습하는 데 도움이 될 것이다. 출간 이후의 수정 사항 등은 자유아카데미 홈페이지(www.freeaca.com) 자료실에 게시할 예정이니 참고하기 바란다.

이 책을 통해 단순히 R을 사용하는 데서 그치지 않고, 현장에서 직면하는 다양한 과제를 R로 해결하며 데이터 과학자로서 한계를 확장하는 여정을 시작할 수 있기를 바란다.

차례

8장 R과 외부 언어의 통합

9장 R 패키지의 구조 이해 및 개발

IV부 R 프로그래밍 프로젝트

10장 프로젝트 I: 스플라인 회귀 적합 패키지 구현

11장 프로젝트 II: 라쏘 회귀 적합 패키지 구현

V부 커뮤니케이션과 애플리케이션 개발

12장 R Markdown과 Quarto 기초

13장 Shiny를 이용한 웹 애플리케이션

VI부 부록

14장 R과 RStudio 활용을 위한 기초

15장 R의 디렉터리 및 작업 관리

16장 터미널에서 R 실행하기

I부

작업 환경 설정 및 프로젝트 관리

1장

R 프로젝트의 이해

1.1 R 프로젝트의 생성

RStudio에서 새로운 프로젝트(project)를 생성하면 작업 환경(environment)을 독립적으로 관리할 수 있어 코드, 데이터, 패키지 의존성 등을 체계적으로 정리할 수 있다. 프로젝트는 분석과 관련된 모든 파일을 한 디렉터리(directory)에 조직화하여 관리하며 RStudio와 같은 통합 개발 환경(Integrated Development Environment; IDE)에서 `.Rproj` 파일을 통해 작업 환경을 설정한다.[1)] 루트 디렉터리에서 `.Rproj`를 클릭하여 프로젝트를 실행할 수 있으며 이때 작업 프로젝트는 기본적으로 `.Rproj`가 있는 경로가 작업 디렉터리가 된다. 따라서 이 경우 전체 파일 경로를 하드코딩(hard coding)할 필요가 없으며, 상대경로(relative path)를 사용하여 폴더 및 파일을 지정할 수 있다.[2)] 프로젝트를 생성하는 방법과 설정 옵션에 대해 자세히

---

1) `.Rproj` 파일은 RStudio에서 프로젝트를 관리하기 위해 사용하는 설정 파일이다. 이 파일은 프로젝트의 루트(root) 디렉터리에 위치하며, 프로젝트와 관련된 여러 설정과 메타데이터(meta data)를 저장한다. `.Rproj` 파일은 단순한 텍스트 파일로, 프로젝트를 열거나 작업 환경을 설정할 때 RStudio가 참조한다.

2) 절대경로(absolute path)는 루트 디렉터리를 기준으로 파일의 전체 경로를 나타낸다. 예를 들어 Windows에서는 `C:\Users\Username\Documents\project\data\data.csv`와 같이 나타나고, Unix 계열 운영체제에서는 `/home/username/documents/project/data/data.csv`처럼 표시된다. 반면 상대경로는 현재 작업 디렉터리를 기준으로 파일이나 폴더의 위치를 나타낸다. 예를 들어 현재 디렉터리에 있는 `data.csv` 파일을 가리키려면 그냥 data.csv라고 하면 되고, 한 단계 상위 폴더에 있는 파일을 가리킬 때는 `../data.csv`와 같이 사용한다. R 프로젝트를 사용하면서 `.Rproj`가 있는 작업 디렉터리에 `data` 폴더 안에 `data.csv` 파일이 있다면 `./data/data.csv` 혹은 `data/data.csv` 형태로 상대경로를 통해서 접근할 수 있다. 참고로 `.`은 현재 디렉터리를 나타내므로 이렇게 시작하면 상대경로라는 의미를 강조할 수 있다.

설명하면 다음과 같다.

특정 컴퓨터에서 존재하는 파일 경로 전체를 지정하여 사용하는 경우 다른 환경에서 사용자가 코드를 실행하면 파일을 찾을 수 없게 되는데, 이러한 문제를 해결할 수 있다는 의미이다.

텍스트 편집기로 `.Rproj` 파일을 작성하고 프로젝트 루트 디렉터리에 저장하여 수동으로 프로젝트를 생성하거나 `usethis` 패키지 등을 사용할 수도 있다. 하지만 RStudio를 사용하는 경우 그래픽 유저 인터페이스(Graphic User Interface; GUI)를 통해 프로젝트를 생성하는 것이 더 직관적이고 편리하다. 새로운 프로젝트를 생성하려면 먼저 RStudio 상단 메뉴에서 `File > New Project`를 선택한다. 혹은 아이콘 메뉴에서  아이콘을 클릭하여 생성할 수도 있다. 이후 프로젝트 생성 과정에서 아래와 같은 세 가지 옵션 중 하나를 선택할 수 있다.

- **New Directory** 옵션은 새로운 디렉터리를 생성하고 프로젝트를 초기화할 때 사용한다. 이 옵션을 선택하면, 프로젝트를 저장할 경로와 디렉터리 이름을 입력하는 화면이 나타나며, 디렉터리를 생성한 후 R 프로젝트 파일 (`.Rproj`)이 자동으로 생성된다.
- **Existing Directory** 옵션은 이미 존재하는 디렉터리를 프로젝트로 설정하고자 할 때 사용한다. 이 경우, 기존 디렉터리의 파일 구조를 유지한 상태로 프로젝트를 설정하며, 디렉터리 내에 `.Rproj` 파일이 추가된다.
- **Version Control** 옵션은 Git이나 다른 버전 관리 시스템을 통해 프로젝트를 초기화하거나 클론(clone)[3]할 때 사용한다. 이 옵션을 선택하면 Git 레포지토리(repository)를 클론할 URL을 입력하거나, 프로젝트 디렉터리를 초기화하여 Git 레포지토리를 생성할 수 있다.

기존에 작업하던 디렉터리가 없다면 책의 내용을 실습하는 과정에서 **New Directory**로 프로젝트를 생성하면 된다. **New Directory**를 클릭하면 생성할 수 있는 프로젝트의 종류가 나열된다. **R package**는 3부에서 사용자 정의 함수를 이용하여 새로운 패키지를 만들 때 사용할 수 있다. 이때 `Rcpp` 패키지를 이용하여 C++ 코드를 이용하고자 하는 경우 **R package using Rcpp**를 선택해 패키지의 구조를 만들 수 있다. `Rcpp` 패키지의 활용 방법과 사용자 작성 패키지에 이를 포함시키는 방법은 각각 8장과 9장에서 공부할 예정이다. `Quarto`와 `Shiny` 등은 4부에서 커뮤니케

3) 클론에 대한 설명은 2장을 참고하면 된다.

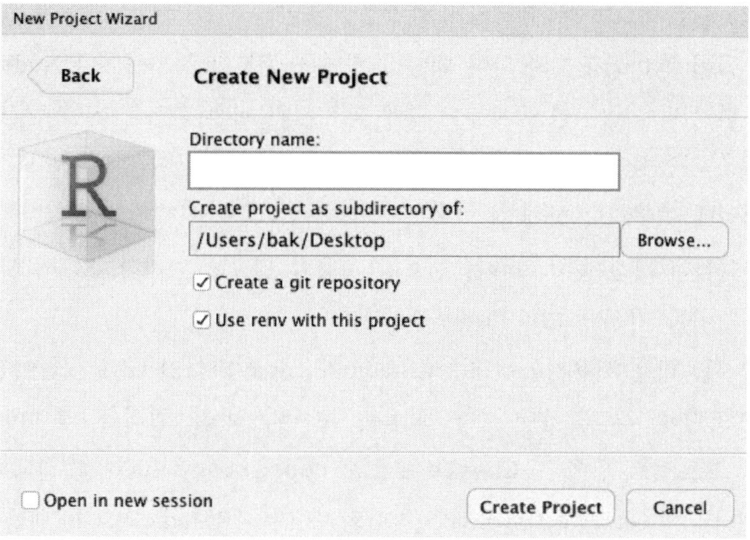

그림 1.1 R 프로젝트 생성 옵션

이션과 결과 배포 등을 학습할 때 다시 살펴볼 예정이다.

별도의 종류를 설정하지 않고 **New Project**를 선택하는 경우 그림 1.1은 새로운 프로젝트를 생성하는 창을 보여준다. **Directory name** 부분에 프로젝트의 이름을 입력하고 **Create Project**를 통해 생성을 완료한다. 프로젝트를 생성하는 과정에서 추가적으로 `renv`와 **Git** 설정을 활성화할 수 있다.

`renv`는 프로젝트별로 R 패키지 의존성을 관리하기 위한 도구로, 프로젝트 생성 시 이를 활성화하면 독립적인 라이브러리 환경이 구축된다. 이를 사용하면 프로젝트마다 필요한 패키지 버전을 고정하고 다른 프로젝트와의 충돌을 방지할 수 있다. 수동으로 `renv::init()` 명령어를 통해 활성화하거나 초기화할 수도 있다. `renv`를 사용하면 글로벌 환경과 분리하여 프로젝트에서 설치하는 패키지와 버전이 독립적으로 관리되므로 패키지 환경을 복원하거나 이식할 때 매우 유용하다. 다른 사람과 프로젝트를 공유하거나 다른 컴퓨터에서 작업을 시작할 때, `renv.lock` 파일을 사용하여 필요한 패키지 환경을 복원할 수 있다. 프로젝트 환경을 다른 환경으로 이동하는 경우 `renv.lock` 파일과 `renv` 폴더를 함께 복사하고, 대상 시스템에서 `renv::restore()`를 실행하여 동일한 패키지 환경을 재현할 수 있다. `renv` 패키지는 이 외에도 `renv::remove()`로 기록된 패키지를 제거하거나, `renv::status()`로 현재 상태를 확인하고, `renv::repair()`로 이슈(issue)들을 제거하며, `renv::snapshot()`으로 현재 상태를 기록하는 등 여러 기능을 제공하

므로 매뉴얼을 참고하여 유용하게 사용할 수 있다.

예를 들어 Python을 사용하여 데이터 과학을 공부한 독자들이나 Node.js 등을 사용하여 웹 개발을 공부한 독자들의 경우 패키지의 버전 관리를 위한 환경 설정에 대해 배웠을 가능성이 높다. R 커뮤니티에서는 이러한 접근이 상대적으로 보편화되지 않은 편인데 이를 가능하게 해 주는 도구가 `renv`라고 이해해도 괜찮다. 이 책의 실습을 따라가는 과정에서 `renv`를 반드시 사용할 필요는 없지만, 도구로서 사용할 수 있도록 알아둘 가치가 있다고 판단한다.

Git을 사용하는 사용자들에게는 RStudio가 Git 친화적인 GUI 클라이언트라는 사실이 안도감을 줄 것이다. Git 설정은 코드의 버전 관리를 용이하게 해준다. RStudio 프로젝트 생성 시 `Create a git repository` 옵션[4)]을 선택하면 프로젝트 디렉터리가 Git 레포지토리로 초기화되며, 이후 RStudio의 Git 탭을 통해 버전 관리를 수행할 수 있다. Git은 개발 및 협업 과정에서 빈번하게 사용되는 도구이므로 중급 수준 이상의 사용자들은 반드시 이해할 필요가 있다. 다만 로컬 컴퓨터에서 이 책에 실습을 따라갈 때 반드시 Git을 사용할 필요는 없다. 버전 관리 시스템을 이용하여 프로젝트 실습을 진행하고 싶다면, 필요에 따라 2장을 먼저 공부한 이후에 실습을 진행하면 된다.

결론적으로 RStudio에서 프로젝트를 생성할 때 다양한 옵션과 설정을 활용하면 독립적이고 재현 가능한 작업 환경을 손쉽게 구축할 수 있다.

1.2 R 프로젝트의 장점

R에서 프로젝트를 사용하는 것은 데이터 분석 워크플로(workflow)를 체계적이고 효율적으로 관리할 수 있는 중요한 방법이다. 이는 단순히 소스 코드나 데이터를 따로 관리하는 방식에 비해 여러 측면에서 장점을 제공한다.

프로젝트를 사용하면 작업 환경의 재현성이 높아진다. 프로젝트는 루트 디렉터리를 기준으로 파일 경로를 설정할 수 있어 `setwd()`를 사용하지 않아도 경로를 관리할 수 있다. 이를 통해 코드가 특정 컴퓨터나 환경에 종속되지 않고 다른 환경에서도 동일한 분석을 재현하기 쉽다. 또한 `renv`와 같은 패키지를 활용하면 프로젝트별

4) 컴퓨터에 Git이 설치되어 있지 않다면 이 옵션이 보이지 않을 것이다. 이 경우 2장을 참고하여 설치를 진행하면 된다.

로 R 패키지 버전을 관리할 수 있어 호환성 문제를 방지할 수 있다. 반면 파일을 따로 관리할 경우 작업 디렉터리가 분산되어 경로 설정이 복잡해지고 다른 환경에서 코드 실행 시 에러가 발생하기 쉽다.

프로젝트는 조직화와 관리를 더욱 용이하게 만든다. 데이터, 소스 코드, 출력 결과를 한 디렉터리 안에 체계적으로 저장하며 이를 통해 작업 흐름을 쉽게 파악할 수 있다. 예를 들어 `data/`, `scripts/`, `outputs/`와 같은 디렉터리 구조를 사용하면 파일을 분류하고 찾기가 쉬워진다. 이는 팀 협업 시에도 유용하며 모든 팀원이 동일한 파일 구조를 기반으로 작업할 수 있게 한다. 반면 파일을 따로 관리하는 경우 데이터와 코드가 여러 위치에 흩어질 가능성이 높으며 필요한 파일을 찾는 데 시간이 오래 걸릴 수 있다.

코드와 데이터 간의 의존성을 효과적으로 관리할 수 있다는 것도 큰 장점이다. 데이터 파일 경로를 상대경로로 지정할 수 있어 경로 문제를 줄일 수 있으며 프로젝트 루트를 기준으로 경로를 설정할 수 있다. 반면 데이터와 코드를 따로 관리하면 경로 설정이 복잡해지고 데이터 파일 이동 시 코드 수정이 필요할 수 있다.

프로젝트는 협업과 버전 관리에서도 유리하다. 프로젝트 디렉터리를 Git과 같은 버전 관리 시스템(Version Control System; VCS)으로 관리하면 코드와 데이터의 변경 사항을 추적할 수 있고 `.gitignore`를 사용해 불필요한 파일을 제외할 수 있다. 이는 팀 작업 시 파일 누락이나 경로 문제를 방지할 수 있다. 반면 파일이 분산되어 있는 경우 버전 관리가 어려워지고 실수로 중요한 파일이 삭제되거나 덮어쓰일 가능성이 높다.

작업 복잡성이 증가할수록 프로젝트 방식은 확장성 있는 관리가 가능하다. 디렉터리 구조를 확장하여 새로운 데이터셋이나 스크립트를 추가할 수 있으며 여러 프로젝트를 병렬적으로 관리할 때도 충돌이 발생하지 않는다. 파일을 따로 관리하는 경우 작업 복잡성이 증가함에 따라 조직화가 어려워질 수 있다.

작업 자동화와 워크플로 통합에서도 프로젝트 방식은 유리하다. 다양한 R 패키지를 사용하여 작업 과정을 자동화할 수 있으며 파일 경로와 작업 의존성을 프로젝트 기준으로 정의하여 워크플로 전체를 손쉽게 실행할 수 있다. 또한 R Markdown 등을 통해 분석 결과를 문서화하는 과정과 자연스럽게 통합된다. 반면 파일을 따로 관리하면 자동화가 어렵고 문서화와 결과물 통합에 더 많은 작업이 요구된다.

R에서 프로젝트를 사용하는 것은 작업 규모가 커질수록 협업이 많아질수록 그리고 재현성이 중요할수록 더욱 필수적이다. 초기 설정에 시간이 들더라도 장기적으로 작업 효율성을 크게 향상시키는 도구임은 분명하다.

1.3 언제 R 프로젝트를 사용해야 하는가?

R 프로젝트가 언제 필요한가에 대한 부분은 사용자마다 의견이 다를 수 있다. 본인이 수행하는 작업을 단위로 코드와 데이터 및 문서를 체계적으로 수동 관리하고, 필요할 때 바로 재현 가능한 형태의 코드를 찾아서 사용할 수 있다면 프로젝트의 사용이 추가적으로 주는 가치가 크지 않을 수도 있다. 개인적인 경험으로는 그런 사용자를 만나본 적이 없으며, 간단한 몇 개의 스크립트 작성을 통해 해결 가능한 문제가 아닌 경우 항상 프로젝트 단위로 코드 및 파일을 관리하는 것을 추천한다.

예를 들어 이 책을 작성하는 과정에서 Quarto를 이용한 R 프로젝트를 사용했다. 이를 통해 챕터 별 내용을 담고 있는 스크립트와 코드 및 데이터의 경로와 버전을 통합적으로 관리하고 사용한 패키지 정보를 모두 저장하였다. 모든 과정은 RStudio에서 수행되었으며 필자가 직접적으로 노력을 기울인 부분은 거의 없다. 중대형 프로젝트의 수행 과정에서 스크립트, 코드, 데이터, 문서 등을 체계적으로 관리하는 어려움에 대해서 이야기하는 많은 사용자를 만나보았지만, 본인이 왜 직접 그러한 작업을 관리하고 있는지에 대해 설득력 있는 설명을 제공하는 사람은 없었던 것 같다.

2장

Git과 GitHub을 활용한 버전 관리와 협업

2.1 Git과 GitHub의 이해

소프트웨어를 개발하는 과정에서 소스 코드를 수백 번씩 수정하는 상황은 빈번하게 발생한다. 새로운 기능의 추가, 기존 함수의 수정, 기존 함수 및 기능의 삭제, 디버깅, 최적화 과정 등 개발의 모든 과정에서 코드의 수정, 추가, 삭제가 이루어지게 된다. 수정의 전 과정을 전체 프로젝트(project)를 구성하는 코드의 버전이 바뀐다고 표현할 수 있다. 이러한 문제를 맞닥뜨렸을 때 통상적으로 프로그래밍을 처음 배우는 학습자들이 사용하는 방법의 코드의 버전 혹은 날짜에 따라 폴더를 새로 만들어 버전을 관리하는 것이다. 하지만 이 경우 본인이 원하는 버전의 코드를 찾는 것이 어렵고 변경 내역이 관리되지 않아 조금만 시간이 흐른 뒤에 다시 보더라도 인수인계가 이루어지지 않은 작업 덩어리를 통째로 받은 것과 같은 상황이 발생한다. Git을 학습하면 '수정', '최종', '최종_2', '마지막' 등과 같은 폴더와 파일 수십 개를 하나씩 탐색하는 일이 줄어들 수 있을 것이다.

Git은 위와 같은 문제를 간단하게 해결할 수 있는 가장 인기 있는 버전 관리 시스템(Version Control System; VCS)이다. 변경 사항을 추적하고 별도의 노력 없이 버전과 내역을 체계적이고 효율적으로 자동 관리해 준다. 코드 작성 및 개발을 본격적으로 공부한다면 Git에 대한 기본적인 이해는 필수적이다. 소프트웨어 개발뿐 아니라 데이터 분석, 논문 및 보고서 작성 등 버전 관리가 필요한 모든 작업에 사용할 수 있기 때문에 반드시 알아둘 필요가 있다. 이 책에서 종종 이야기했던 것처럼 R

커뮤니티는 본질적으로 개발자 커뮤니티라고 보기 어렵기 때문에 Git과 같은 도구들을 기초적인 학습 과정에 포함시키지 않는 경향이 있는데, 익숙하게 사용할 수 있다면 '삶의 질'을 개선할 수 있는 도구이므로 배워 두는 것을 추천한다.

Git의 단점은 처음 배우는 과정에서 약간의 진입 장벽이 있다는 점이다. 이러한 어려움은 커맨드 라인 인터페이스(Command Line Interface; CLI)가 주는 불편함에서 원인을 찾을 수 있다. 터미널(terminal) 창에 여러 Git 명령어를 외워서 사용하는 부분이 어렵게 느껴질 수 있기 때문이다. 최근에는 Git 사용을 쉽게 할 수 있는 코드 편집기가 널리 사용되고 있다. RStudio와 VSCode 등 여러 편집기에서 모두 터미널 창을 제공하고 있고, Git 명령어를 그래픽 유저 인터페이스(Graphical User Interface; GUI) 기반으로 실행할 수 있게 만들어져 있어 큰 부담 없이 쉽게 버전 관리를 코드 작성 과정에 통합할 수 있게 되었다.

Git을 이용한 관리 기능은 GitHub과 함께 사용될 때 강력한 협업 기능을 제공한다. Git에 기반한 버전 관리는 로컬 컴퓨터에서 프로젝트의 진행 상황 추적을 위해 사용할 수 있지만 원격 레포지토리[5](remote repository)를 연결해서 사용할 수 있다. 원격 레포지토리는 로컬 레포지토리(local repository)와 연결되며, 이를 통해 버전 관리 파일을 쉽게 백업할 수 있고 다른 사용자와 같은 프로젝트에서 작업하는 협업 기능을 제공한다. 협업 과정에서 코드를 이메일이나 Dropbox, Google Drive 등을 통해 공유하고 작업하는 경우 서로 다른 버전의 코드를 작업하게 될 가능성이 높고 서로 작성한 코드를 덮어쓰는 경우가 생겼을 때 대처하기 어렵다. 하지만 앞으로 배우게 될 기능들을 활용하면 Git과 GitHub을 사용하여 모든 과정을 매끄럽게 진행할 수 있게 된다.

이 책에서는 R과 RStudio의 사용에 집중하고 있으며, Git과 GitHub은 많은 경우 자연스럽게 함께 사용하게 된다. 따라서 이후 내용에서 Git과 GitHub를 엄밀히 구분하는 대신 자연스러운 흐름 안에서 버전 관리와 협업의 주요 기능들을 살펴볼 예정이다. 또한 Git과 관련된 모든 내용을 다루는 대신, 실무에서 필수적인 내용들을 가급적 GUI 기반으로 접근하여 큰 어려움 없이 학습할 수 있도록 내용을 구성하였다.

5) 레포(repo)라고도 줄여서 부르며 저장소라는 의미로 이해할 수 있다.

2.2 설치 및 프로젝트 설정 과정

RStudio에서 Git을 사용하기 위해서는 우선 로컬 컴퓨터에 Git이 설치되어 있어야 한다. 설치되어 있지 않다면 https://git-scm.com로 접속하여 운영체제에 맞춰 다운로드 후 설치하면 된다. 운영체제에 따라서 다른 패키지 매니저를 사용할 수도 있다. 참고로 위 주소로 접속하면 Pro Git (Chacon and Straub 2014)의 온라인 버전을 무료로 열람할 수 있다. 이 책에서 다루지 않는 Git의 다양한 명령어와 기능들을 확인할 수 있다.

협업 과정에서 커밋(commit)[6]의 작성자를 확인하기 위해 Git 프로필을 등록할 수 있다. RStudio의 console 부분에서 옆에 Terminal 탭을 선택하면 (드랍다운 메뉴에서 `Tools > Terminal > New Terminal`을 선택해도 된다.) 터미널을 활용할 수 있는데,

```
git config --global --list
```

를 통해 프로필 정보를 확인할 수 있다. 처음 Git을 설치했다면 파일이나 디렉터리(directory)를 찾을 수 없다고 나올 텐데,

```
git config --global user.name "NAME"
git config --global user.email "EMAIL"
```

형식으로 사용자 이름과 이메일 주소를 등록할 수 있다. 등록 후 설정을 확인하려면 `git config --global --list` 명령어를 다시 입력하면 된다.

GitHub을 사용하려면 GitHub 계정을 생성해야 한다. https://github.com에서 계정을 무료로 만들고 사용할 수 있다. 이메일 주소는 Git 유저 정보의 이메일 주소와 같은 주소를 사용하면 된다. 필요한 경우 SSH 키를 생성하여 암호 없이 웹사이트와 통신할 수 있다. SSH 키는 드랍다운 메뉴에서 `Tools > Global Options`로 들어간 이후 `Git/SVN` 패널에서 생성할 수 있다. 그림 2.1에서 `Create SSH Key`를 눌러서 생성할 수 있고, `View public key`에서 키를 찾을 수 있다. GitHub에 로그인

6) 커밋은 Git의 기본적인 작업 단위로 해당 시점에서 코드의 스냅샷(snapshot)을 만들어 준다. 이에 대한 자세한 설명은 다음 섹션을 참고하면 된다.

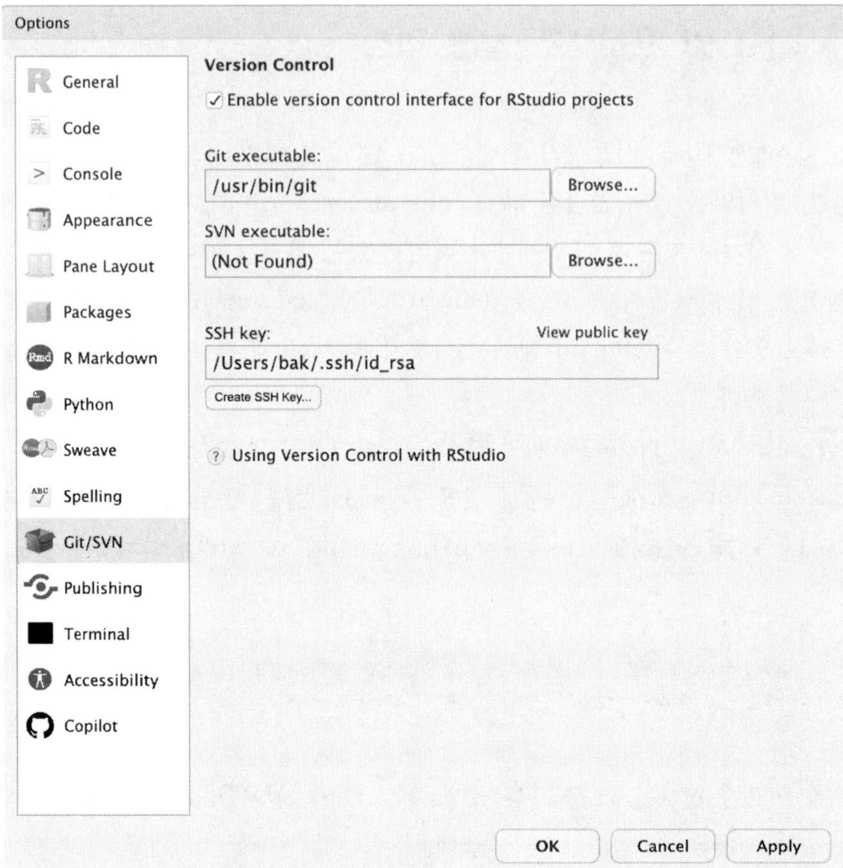

그림 2.1 Git/SVN 패널과 키 생성

한 이후 `Settings`에서 `SSH and GPG keys`라는 탭을 확인할 수 있는데 여기에서 `New SSH Key`에 생성한 키를 제공할 수 있다.

기본적인 설정을 마쳤다면 RStudio에서 프로젝트를 관리할 때 Git을 버전 관리 시스템(VCS)으로 사용할 수 있다. Git과 GitHub을 설정하는 방법은 여러 가지가 있다. 우선 1장에서 설명한 것처럼 `File > New Project`에서 새로운 프로젝트를 만들 때 프로젝트 생성 옵션으로 `Create a git repository` 옵션을 선택하면 프로젝트 디렉터리가 Git 레포지토리로 초기화되며, 이후 RStudio의 Git 탭을 통해 버전 관리를 수행할 수 있다. 아이콘 메뉴에서 을 선택하면 다양한 Git 옵션을 확인할 수 있다. 이미 만들어진 R project에서 Git을 초기화하는 경우 `Tools > Project Options`의 `Git/SVN` 패널을 들어가면 `Version control system`을 확인할 수 있는데, (None)에서 Git으로 바꾸게 되면 Git을 사용하도록 설정할 수 있다. Git이 활성화되면 그림 2.2에서 볼 수 있는 것처럼 Git 탭이 활성화되는 것을 확인할 수 있다.

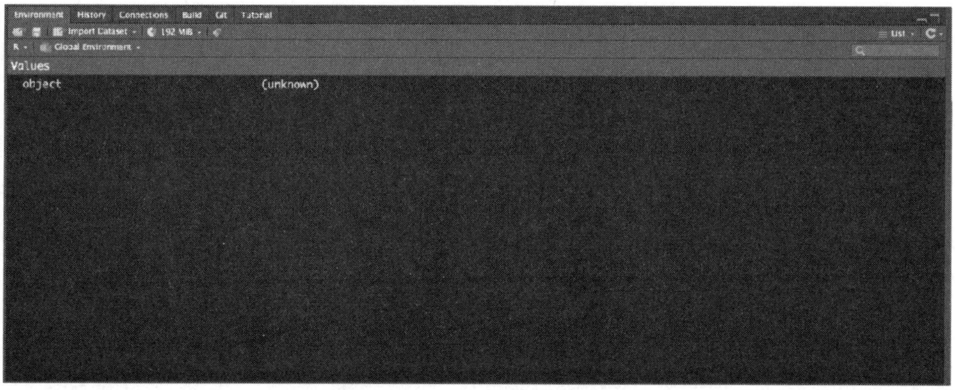

그림 2.2 Git탭의 활성화

GitHub과 같이 사용하기 위해서 로컬에서 작업 중인 프로젝트를 GitHub으로 푸시(push)할 필요가 있다. GitHub에서 새로운 레포지토리[7]를 R 프로젝트와 동일한 이름으로 만든 이후 프로젝트를 푸시하면 된다. 새로운 레포지토리를 생성하면 기존의 존재하는 레포지토리를 푸시하는 방법에 대한 설명이 나온다. 구체적으로 작업 중인 프로젝트에서 RStudio 터미널에

```
git remote add origin "REPO address"
git branch -M main
git push -u origin main
```

명령어를 입력하여 GitHub으로 푸시할 수 있다. 여기서 `"REPO address"` 부분은 해당 GitHub 레포지토리의 주소를 의미하며 레포지토리를 푸시하는 방법에 대한 설명에 복사할 수 있게 위 코드와 같이 작성되어 있다. 마지막으로 GitHub에 이미 존재하는 레포지토리를 로컬 환경으로 클론(clone)하기 위해서는 `File > New Project`에서 Version Control 옵션을 선택한 이후 프로젝트의 이름과 함께 `Repository URL` 부분에 GitHub 레포지토리의 주소를 입력하여[8] 프로젝트를 생성하면 된다.

---

7) GitHub에 `Repositories` 패널에서 `New`를 선택하여 만들고 이름 및 Public/Private 옵션 등을 지정해 주면 된다. GUI 기반으로 직관적으로 생성 및 설정을 할 수 있어 별도의 설명은 필요하지 않을 듯하지만, GitHub 사용에 어려움이 있다면 도움말이나 문서를 참고하면 된다.

8) GitHub의 레포지토리에서  아이콘을 선택하면 복사를 위한 URL을 확인할 수 있다.

2.3 Git의 특징

Git의 버전 관리는 어린 시절 게임에서 세이브 포인트를 저장하고 플레이하는 과정과 매우 유사하다. 게임을 플레이하다 보면 특정 지점에서 진행 상황을 저장하고 싶을 때가 있다. 저장한 뒤에는 여러 가지 시도를 해볼 수 있으며, 결과가 마음에 들지 않으면 저장했던 지점으로 돌아갈 수 있다. Git에서의 버전 관리도 이러한 방식으로 동작한다.

1. 세이브 포인트와 커밋: 게임에서 중요한 순간에 세이브 포인트를 생성하는 것처럼, Git에서는 작업이 일정 부분 완료되었거나 중요한 변경 사항이 있을 때 커밋을 만든다. 커밋은 현재 상태를 저장하는 스냅샷과 같으며, 이후 필요할 경우 언제든 해당 상태로 되돌아갈 수 있도록 돕는다. 이 과정에서 버전 간 차이를 쉽게 확인할 수 있도록 기능을 제공한다.
2. 자유로운 시도와 브랜치: 세이브 포인트를 저장한 후 새로운 방식이나 경로를 시도해보는 것처럼, Git에서는 브랜치(branch)를 사용하여 현재 작업을 기반으로 다양한 실험을 해볼 수 있다. 브랜치를 통해 기존 작업을 유지한 채 새로운 기능을 개발하거나 문제를 해결할 수 있으며, 만족스러운 결과를 얻으면 이를 메인 흐름에 머지(merge)할 수 있다.
3. 되돌리기와 리셋: 게임에서 잘못된 선택을 했을 때 이전 세이브 포인트로 돌아가는 것처럼, Git에서는 리셋(reset), 리버트(revert)와 같은 명령어를 사용하여 이전 상태로 되돌릴 수 있다. 이를 통해 잘못된 변경 사항을 쉽게 정정하고 안정적인 상태를 유지할 수 있다.
4. 최종 목표와 배포: 게임의 최종 목표를 달성한 후 저장한 상태를 친구와 공유하거나 업로드하는 것처럼, 깃에서는 최종적으로 작업 결과를 원격 레포지토리에 푸시하여 다른 사람들과 공유하거나 배포할 수 있다.

결론적으로 Git의 버전 관리는 게임에서의 세이브와 플레이 과정을 디지털 작업 환경으로 옮겨온 것과 같다. 저장, 시도, 수정, 그리고 공유의 반복을 통해 더욱 창의적이고 안정적인 결과를 만들어낼 수 있다. Git을 통하여 작업의 효율성을 높이는 방법은 무궁무진하지만 이 책에서는 GUI 기반으로 주요 기능을 설명하는 것에 중점을 두고자 한다.

2.4 Git의 기본 기능

Git을 사용하는 가장 큰 이유는 변경 사항을 기록하고 확인하여 버전을 관리할 수 있기 때문이다. Git에서 버전을 관리하기 위한 작업의 기초 단위는 커밋이다. 작업한 내용을 커밋하게 되면 이전 버전과 비교하여 추가, 삭제, 변경이 고유한 식별자와 함께 저장된다. 변경 사항을 커밋하기 위해서는 변경된 파일들을 스테이지(stage)한 이후에 변경의 주요 내용을 설명하는 `commit message`와 함께 수행하면 된다. RStudio에서 커밋 창을 열게 되면 이전 버전과 차이점이 파일별로 표시되므로 이를 확인한 이후 스테이지와 커밋을 진행하면 된다.

RStudio에서 Git 탭의 구성요소는 그림 2.3과 같다. 여기서 `Diff`는 선택된 코드의 변경 사항을 확인하기 위한 실행 아이콘이고 `Commit`은 변경 사항을 기록하기 위한 실행 아이콘인데, 커밋을 진행하기 위해 파일을 스테이지하는 과정에서 변경 사항이 표시되기 때문에 두 버튼은 실질적으로 같은 창에서 작업이 이루어진다. `Commit` 아이콘을 클릭하여 원하는 파일을 선택하는 것으로 커밋 창에서 변경 사항 확인과 기록을 수행하는 것으로 이해하면 충분하다. 커밋 창을 실행하기 위한 단축키는 윈도우와 맥 운영체제에서 각각 `Ctrl+Alt+M`과 `Ctrl+Option+M`이다.

그림 2.4에서는 이 장을 작성하는 과정에서 Git으로 버전 관리를 할 때 변경 사항을 보여주는 내용이 하단에 표시된다. 변경 사항의 표시는 추가된 부분을 초록색, 제거된 부분을 빨간색으로 보여준다. 그림 2.4에서 빨간 부분을 초록색 부분으로 업데이트하는 커밋을 작성하는 것으로 이해하면 된다. 커밋할 부분을 왼쪽 체크박스를 클릭하여 하나씩 확인 후 스테이지하거나 전체를 선택해서 상단의 `Stage` 아이콘을 클릭해 한 번에 스테이지할 수 있다. 그림 2.5는 스테이지된 이후의 상태를 보여준

그림 2.3 Git탭의 구성요소

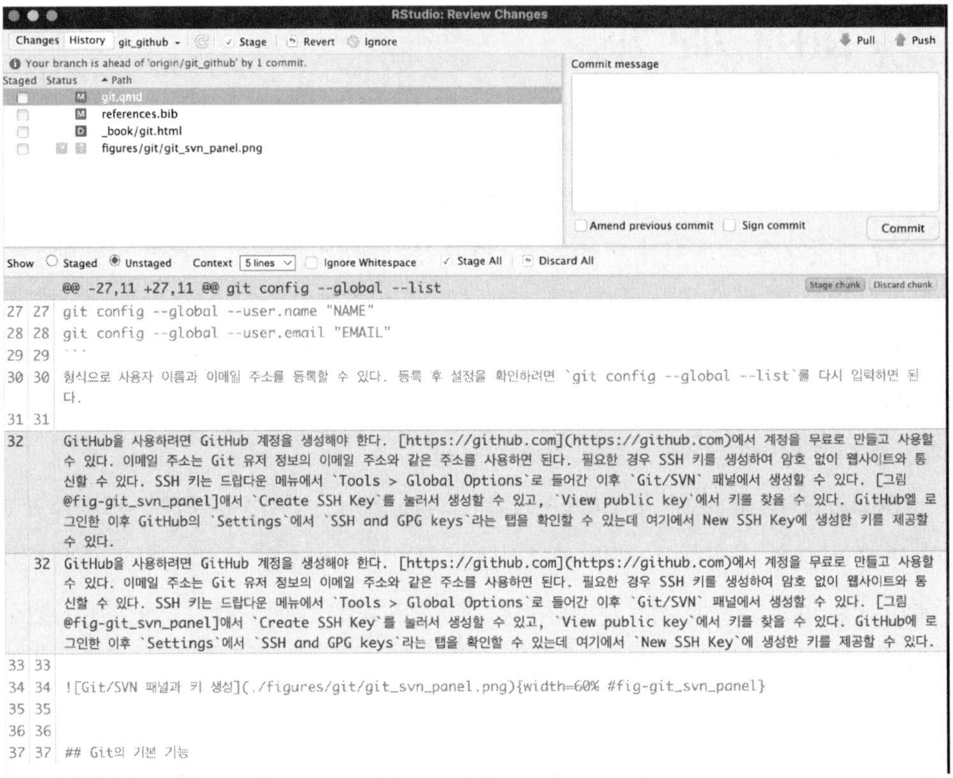

그림 2.4 스테이지 이전 Git 커밋 창

다. 스테이지를 수행한 이후 우측에 **Commit message**를 작성하고 **Commit**을 클릭하여 변경 사항을 기록할 수 있다.

상태(status)를 나타내는 부분에 여러 아이콘이 표시된 것을 확인할 수 있다. 여기서 A는 추가(added), D는 제거(deleted), M은 수정(modified), ?는 추적되지 않음(untracked)를 의미한다. 예를 들어 그림 2.4와 그림 2.5를 보면 이 장의 본문을 작성하는 `git.qmd` 파일과 레퍼런스를 관리하는 `references.bib` 파일은 변경되었고 `git.html` 파일은 삭제된 것을 알 수 있다. `git_svn_panel.png`는 새롭게 추가한 그림 파일로 이전에 없던 파일이므로 추적되지 않지만 스테이지한 이후 상태에서 추가가 되었음을 확인할 수 있다. 변경 사항을 확인한 이후 커밋을 수행하면 변경 내용을 요약하는 간단한 메세지가 나오고 기록이 완료된다.

RStudio에 Git 탭과 커밋 창에서 몇 가지 옵션을 더 확인할 수 있다. 커밋 창 상단에 있는 메뉴 혹은 톱니바퀴 아이콘과 함께 있는 **More** 부분을 선택하면 **Revert** 기능을 확인할 수 있다. 리버트를 수행하게 되면 변경 사항을 이전 커밋으로 되돌릴 수 있다. 정상적으로 실행되던 코드를 수정하는 과정에서 실수를 했다면 필요에 따

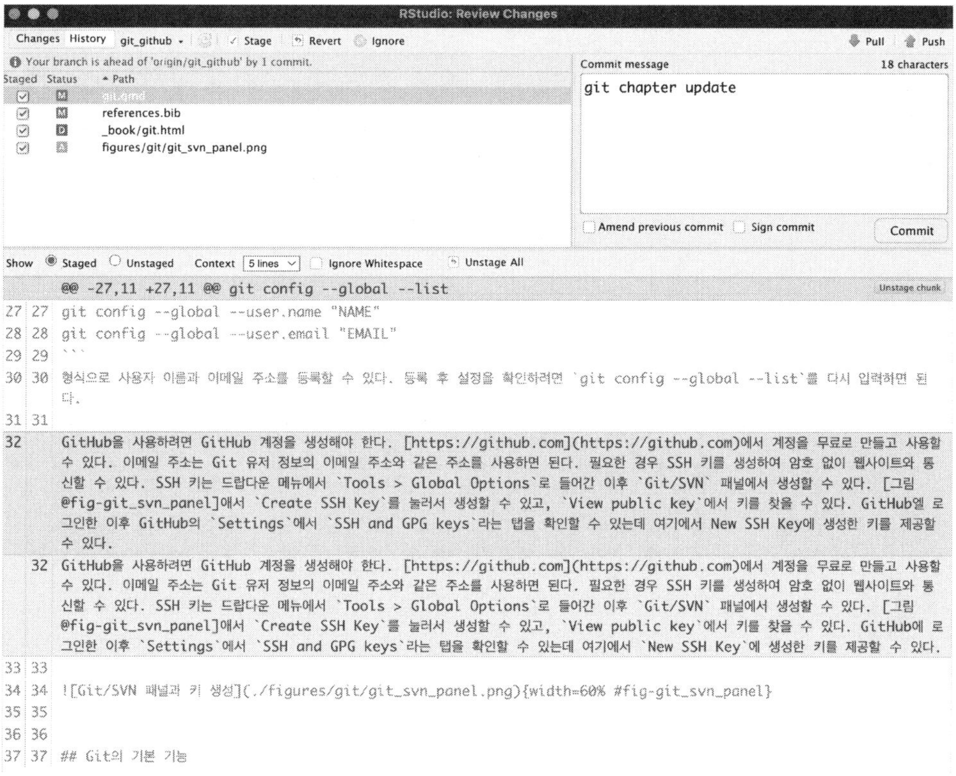

그림 2.5 스테이지 이후 Git 커밋 창

라 이 기능을 확인할 수 있다. 차이점을 나타내는 하단 작업 창에서는 **Discard chunk** 혹은 변경 내역을 클릭한 이후 **Discard line**을 선택하여 변경 사항의 일부분만 원래 상태로 되돌릴 수도 있다.

그리고 커밋 창 상단에 있는 메뉴 혹은 톱니바퀴 아이콘과 함께 있는 **More** 부분을 선택하면 **Ignore** 기능도 확인할 수 있다. 이 기능을 이용하면 레포지토리에 특정한 파일 및 특정한 확장자를 가지는 파일을 저장하지 않을 수 있다. 예를 들어 크기가 매우 큰 파일이나 프로젝트에서 부수적으로 자동 생성되는 파일들을 이 부분에 지정하여 버전 관리에서 제거할 수 있다.

Git의 강력한 버전 관리 기능을 사용하기 위해서 Git 탭 혹은 커밋 창 상단에 있는 메뉴에서 History를 확인할 수 있다. 히스토리(history)는 그림 2.6과 같이 기록된다. 히스토리에는 커밋의 이름과 작성자, 날짜와 SHA라는 고유 식별자가 기록된다. 여기서 모든 커밋의 변경 내역과 해당 버전의 각 파일의 상태를 확인할 수 있다. 이전 버전의 코드를 확인하거나 다운로드할 수 있다. 각 파일 옆에 **View file**을 클릭하여 해당 버전의 파일을 선택하고 필요한 경우 다운로드하여 저장할 수 있다. 또한 상단

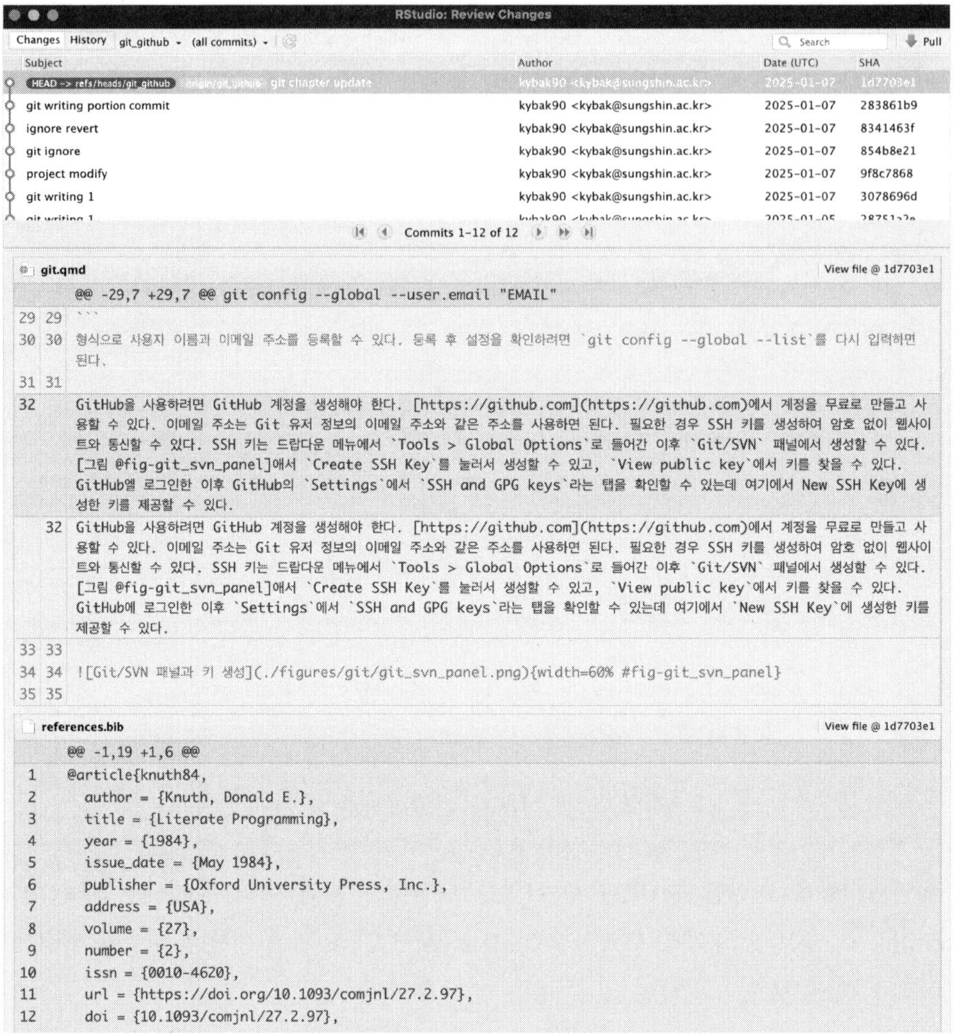

그림 2.6 Git 히스토리의 확인

에 `(all commit)`이라고 되어 있는 부분을 클릭하여 특정한 파일의 히스토리만 확인할 수도 있다.

Git 탭에는 우측 상단에 `New Branch`로 브랜치를 만들 수 있는 기능이 있으며 그 오른쪽에 현재 작업하고 있는 브랜치를 확인할 수 있다. `New Branch`로 브랜치를 생성할 때 GitHub의 원격 레포지토리와 연동할지 여부를 선택할 수 있다. Git에서 브랜치는 저장소의 작업 흐름을 분리하거나 병렬로 진행할 수 있도록 도와주는 도구이다. 브랜치는 기존 코드에 영향을 주지 않고 새로운 작업을 시작할 수 있는 독립적인 공간을 제공한다. 이를 통해 안정적인 main[9] 브랜치에서 실험적인 기능 개발이나 수정 작업을 분리하여 진행할 수 있다. 작업을 완료한 이후에는 `git pull`, `git checkout`, `git merge` 등의 명령을 사용하여 변경 내용을 `main` 브랜치로 머지하여 변경 사항을 통합할 수 있다. 이 부분은 약간의 연습이 필요한 부분으로 다음 섹션에서 GitHub에서 머지를 진행하는 내용을 간략하게 설명한다.

GitHub과 연동하여 버전 관리 시스템(VCS)을 사용하고 있다면 커밋을 진행한 이후에 `Your branch is ahead of origin/"branch_name" by 1 commit.`과 같은 메세지가 Git 탭의 나타나는 것을 확인할 수 있다. 이는 로컬 레포지토리와 원격 레포지토리의 버전이 다름을 나타내며, 몇 개의 커밋만큼 차이가 나는지 알려준다. GitHub과 동기화를 위해서는 GitHub에 최신 버전 코드를 Git 탭 혹은 커밋 창에서 Pull로 다운로드해서 작업을 진행하고 로컬에서 작업한 이후 `Psuh`로 업로드하면 된다. 로컬에서 작업하는 모든 커밋을 바로 푸시해야 하는 것은 아니지만 일관된 상태를 유지하기 위해 일정 작업 단위로 완료된 부분은 푸시할 필요가 있다.

이 책은 Git과 GitHub을 설명하는 책이 아니기 때문에 커맨드 라인 인터페이스에 대해 설명하지는 않는다. 하지만 위에서 설명한 모든 작업은 `Terminal`에서 특정 명령어를 사용하여 실행할 수 있으며 GUI로 구현되지 않은 Git의 다양한 기능들을 커맨드 라인 인터페이스에 기반하여 사용할 수 있다. 자세한 내용은 Pro Git(Chacon and Straub 2014) 등의 자료를 통해 확인할 수 있다.

2.5 GitHub을 이용한 협업 과정

이 책은 Git과 GitHub에 모든 것을 다루는 책이 아니기 때문에 세부적인 사항들을 다루기 보다는 전체적인 협업 과정에서 워크플로(workflow)를 설명하고자 한다. GitHub을 이용한 협업에 기본은 한 컴퓨터에서 작업한 변경 사항을 푸시하고 다른 환경에서 그 내용을 풀(pull)하여 작업하는 것이다. 이 경우 협업을 수행하는 사람은 나 자신일 수도 있다. 즉 사무실에서 작업한 내용을 푸시하고 집에서 해당 내용을 내려받아 최신 버전으로 이어가면 충돌을 피할 수 있다. 이러한 흐름은 다수의 사용자가 동시에 작업하는 경우에도 마찬가지로 적용된다. 하지만 약간의 규칙을 통해 흐름을 제어하는 편이 작업의 효율성을 개선할 수 있다. 기본적으로 여러 사용자가 하나의 원격 레포지토리를 공유하여 작업하는 상황을 생각하고 아래 내용을 따라가

---

9) 오래된 버전의 책이나 자료에서는 `master` 브랜치라고 부른다.

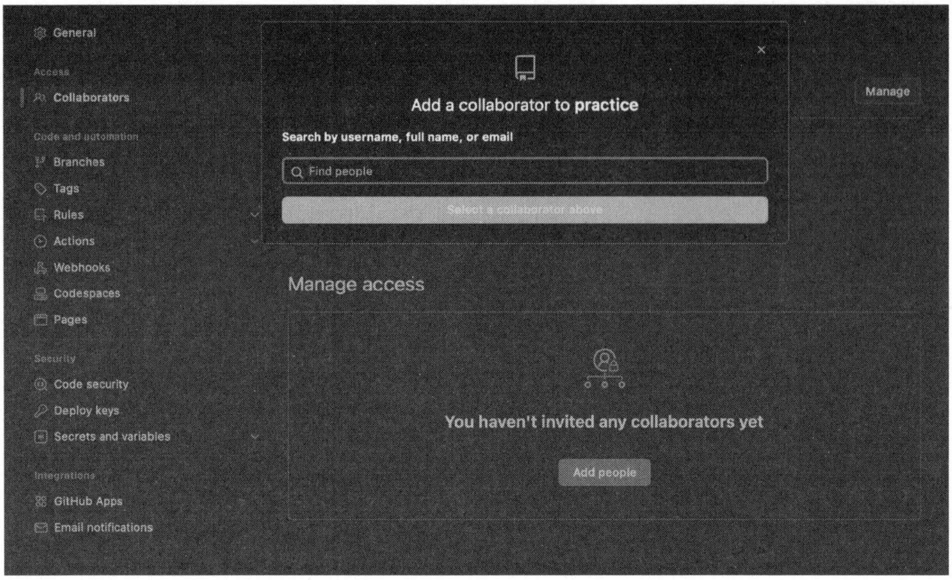

그림 2.7 GitHub에서 공동작업자의 추가

면 된다. 하지만 혼자서 프로젝트를 진행하는 경우에도 브랜치를 이용한 작업과 머지와 같은 내용들은 작업의 효율성과 안정성을 제고할 수 있으므로 공부할 가치가 있다. 기본적으로 모든 프로젝트는 협업으로 이해할 수 있으며, 사용자가 나 혼자인 경우에도 미래의 나 자신과 협업 관계에 있음을 이해하는 것이 버전 관리의 핵심 중 하나이다.

GitHub의 작업 중인 레포지토리에서 Settings을 클릭하고 `Collaborators`로 이동해서 `Add people`을 클릭하면 그림 2.7과 같이 공동 작업자를 추가할 수 있다.

GitHub 레포지토리에서 `projects`와 `issues` 탭을 선택하여 프로젝트와 작업을 관리하고 배분할 수 있다. 이 과정은 항상 필수적이지는 않지만 작업의 관리를 용이하게 해 주는 옵션 중 하나이다. Projects을 클릭하고 `New project`를 선택하면 템플릿을 확인할 수 있고, 예를 들어 `Team Planning`을 선택하고 이름과 함께 생성하면 그림 2.8과 같이 작업을 관리할 수 있다. Todo 부분에 `Add item`을 선택하여 새로운 이슈(issue)를 설명과 함께 생성할 수 있다.

GitHub에서 이슈는 작업, 기능, 개선 요청 등을 관리하는 기능을 의미한다. 레포지토리에서 Issues을 선택하면 그림 2.9와 같은 화면을 확인할 수 있다. 오른쪽에서 `Assignees`를 선택하여 해당 이슈를 누가 담당할지 지정할 수 있다. 이때 `Collaborators`로 추가한 공동 작업자들의 리스트가 나타나 이 중에서 선택 가능하며 본인에게 할당을 할 수도 있다. 오른쪽 아래 부분에 `Create a branch`를 선택

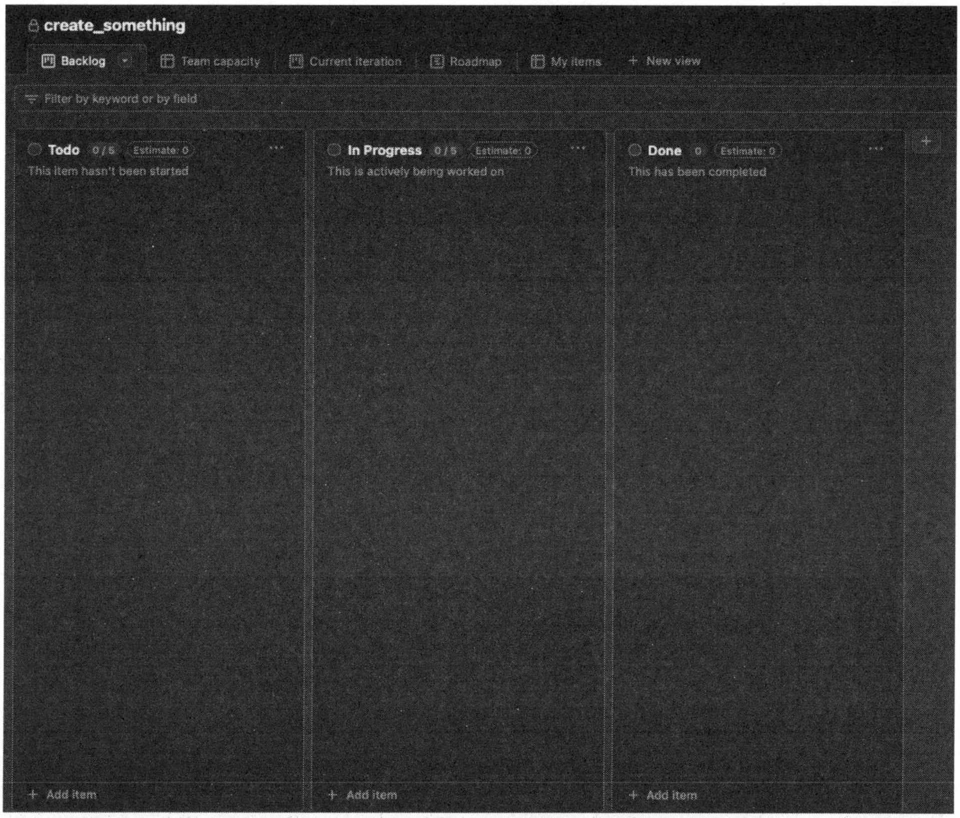

그림 2.8 GitHub의 Team Planning 프로젝트 작업 관리

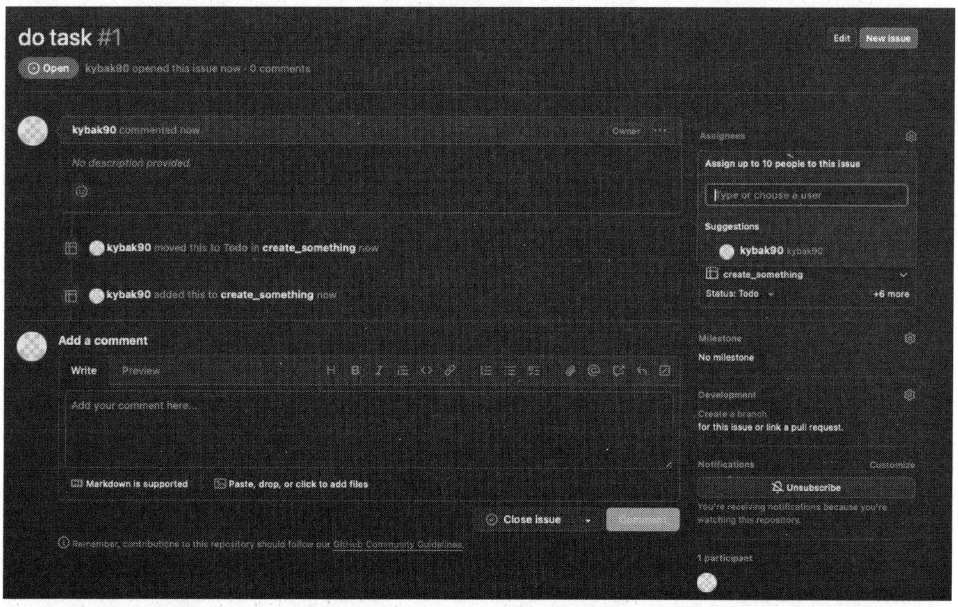

그림 2.9 GitHub의 이슈 관리

하면 이슈에 해당하는 브랜치를 생성할 수 있으며 RStudio에서 풀하여 작업을 수행할 수 있다.

브랜치에서 작업을 진행한 이후에는 이를 다시 `main` 브랜치에 병합하는 과정이 필요하다. GitHub에서 Pull Request(PR)는 코드 변경을 제안하고 해당 변경 사항을 리뷰 및 논의한 뒤 프로젝트에 병합할 수 있도록 하는 협업 도구이다. 먼저 새로운 기능이나 버그 수정을 위해 별도의 브랜치를 생성한다. 이후 작업을 완료한 뒤 변경 사항을 커밋하고 원격 레포지토리에 푸시한다. GitHub 웹 인터페이스에서 푸시된 브랜치를 기반으로 PR을 생성하며, 이때 변경 내용의 제목과 설명을 작성한다. PR 생성 후 지정한 리뷰어나 팀원들이 코드 리뷰를 진행하며 피드백에 따라 수정 사항을 반영하고 다시 푸시한다. 리뷰가 완료되고 승인이 되면 변경 사항을 대상 브랜치에 병합한다. 병합 방식으로는 `Merge Commit`, `Squash and Merge`, `Rebase and Merge` 등이 있으며, 병합 후 작업 브랜치를 삭제하여 정리한다.

PR을 생성하기 위해 **Pull requests**에서 `New pull request`를 선택하여 머지할 브랜치를 선택한 이후 이름과 설명을 추가하여 PR을 생성(create)할 수 있다. PR은 그림 2.10과 같은 형태로 관리되며 리뷰, 피드백, 수정 과정 이후 자동으로 병합이 가능

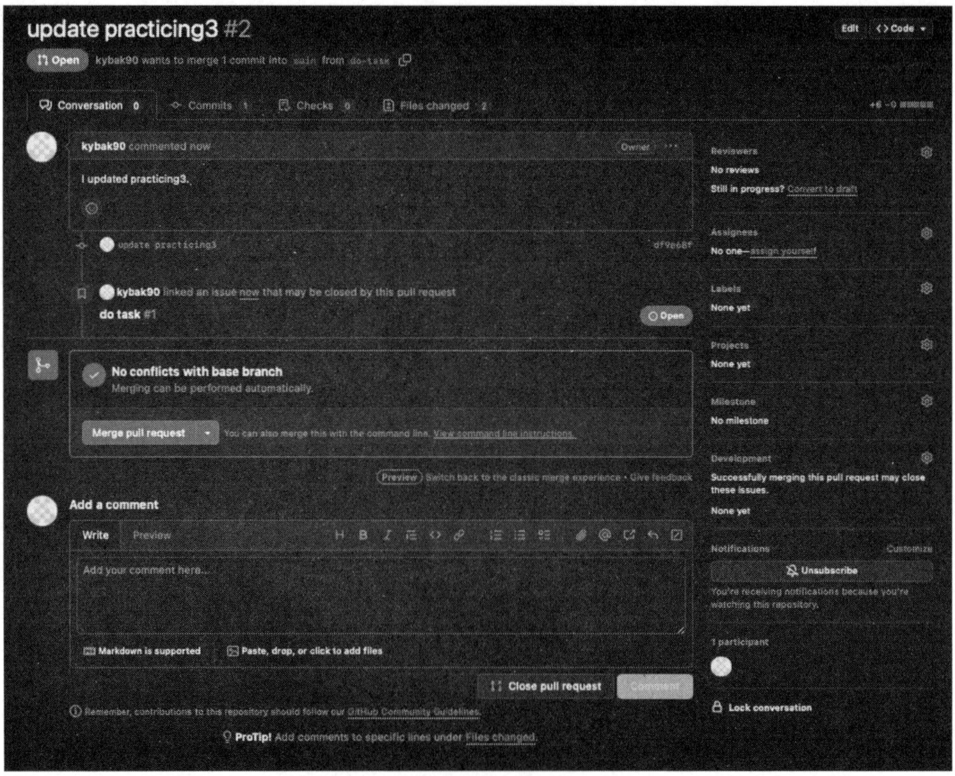

그림 2.10 GitHub의 PR 관리

한 경우 Merge pull request를 수행하여 Pull request successfully merged and closed 메세지를 확인하고 생성되는 Delete branch를 클릭하여 브랜치를 정리할 수 있다.

PR을 통해 병합을 진행하는 경우뿐 아니라 Git과 GitHub을 이용하여 프로젝트를 관리하는 경우 코드 등을 수정하는 경우 종종 충돌(conflict)이 발생할 수 있다. 협업을 하는 경우가 아니라도 혼자서 작성한 여러 버전의 코드를 합치다 보면 병합을 자동으로 수행할 수 없는 상황이 발생할 수 있다. Git을 이용하면 머지 충돌이 발생한 부분을 식별하여 여러 코드를 비교할 수 있도록 해준다.

충돌 상황을 혼자서 재현하기 위해 간단한 예를 만들어 볼 수 있다. GitHub 레포지토리에 저장된 R 프로젝트에 printing.R이라는 스크립트를 생성한다. 스크립트에는 print("abcd") 등과 같이 간단한 코드를 저장할 수 있다. GitHub에서 해당 스크립트를 클릭하여 Edit을 이용하여[10] 내용을 print("abcdefg")로 변경한다. 이때 로컬 컴퓨터에서 풀을 하지 않은 상태에서 같은 스크립트를 print("ab")로 변경한 후 커밋하고 푸시를 진행하면 업데이트가 거부(reject)되었다는 메세지를 확인할 수 있다. 이는 원격 레포지토리의 최신 버전에서 수정 작업을 진행하지 않았기 때문에 발생하는 충돌 문제이다.

원격 브랜치에서 변경 사항을 로컬로 가져오면서 Merge Commit을 생성하기 위해 Terminal에서 git config pull.rebase false를 입력한 후 풀을 하게 되면 다음과 비슷한 메세지를 확인할 수 있다.

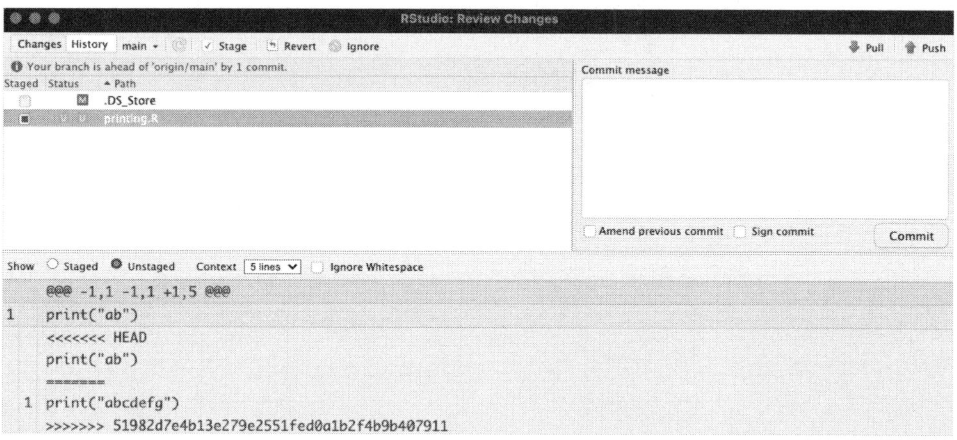

그림 2.11 병합 충돌 시 커밋 창

10) 코드 창에 오른쪽 윗부분에 연필 모양 아이콘을 사용하여 웹 상에서 바로 코드를 편집할 수 있다.

```
Auto-merging printing.R
CONFLICT (content): Merge conflict in printing.R
Automatic merge failed; fix conflicts and then commit the result.
```

커밋(commit) 창을 확인해보면 그림 2.11과 같은 화면을 확인할 수 있다. <<<<<<<와 >>>>>>>에서 두 개의 버전을 확인할 수 있고, 두 버전은 =======를 사용하여 분리된다. 충돌이 발생한 `printing.R` 스크립트를 열어서 해당 부분을 편집해야 한다. 둘 중에 하나의 버전을 저장할 수도 있고 두 버전을 모두 반영하여 새로운 코드를 작성할 수도 있다. 이 부분을 수정하여 커밋과 푸시를 진행하면 일관된 버전의 코드가 로컬과 원격 레포지토리에 저장된다.

이러한 문제의 해결은 정해진 정답이 있지 않아서 이 책에서 모두 설명하기는 어렵고, 버전 관리 시스템(VCS)을 사용해 나가는 과정에서 천천히 공부해야 할 과제이다.

II부

R을 활용한 프로그래밍

3장

환경 및 소코핑의 이해

3.1 환경과 검색 경로의 기초

2부부터는 본격적으로 R을 이용한 프로그래밍에 대해서 배울 예정이다. 이 부분이 R의 초급 사용자와 중급 사용자를 나누는 가장 큰 분기점에 해당한다. R을 프로그래밍 언어로서 활용하지 못한다면 R을 사용하는 것은 기존의 그래픽 유저 인터페이스(Graphical User Interface; GUI) 기반 통계 소프트웨어를 사용하는 것에 비해 라이센스 비용을 제외하면 아무런 이점을 가져다주지 못한다. R을 활용한 프로그래밍에 익숙해지면 본인이 원하는 방법론을 구현하고 연구를 수행할 수도 있다는 장점 이외에도, 기존 R 패키지를 사용하는 것에 대한 이해도 높일 수 있으며 필요한 데이터 분석 작업을 자동화할 수 있어 데이터 분석가로서도 한 단계 성장할 수 있다.

R을 프로그래밍 언어로 사용하기 위해 2부에서 다양한 예제를 중심으로 함수의 구현과 패키지 작성에 대해 다룰 예정이다. 이에 앞서 이번 장에서는 R이 동작하는 환경에 대한 최소한의 이해를 통해 함수의 저장과 호출이 이루어지는 메커니즘을 간략하게 설명하고자 한다.

RStudio를 실행하면 콘솔(console) 창 외에도 여러 창들을 확인할 수 있다. 그중 R의 실행 환경을 보여주는 `Environment` 탭을 확인할 수 있다. 그림 3.1을 보면 전역 환경(global environment)가 기본적으로 표시되어 있으며 여러 세션(session)에 불러온 여러 패키지들의 환경도 확인할 수 있다. R에서 `pryr` 패키지를 활용하면 환경의 정보를 쉽게 확인할 수 있다.

```
library(pryr)
parenvs(all = TRUE)
   label                            name
1  <environment: R_GlobalEnv>       ""
2  <environment: package:pryr>      "package:pryr"
3  <environment: package:stats>     "package:stats"
4  <environment: package:graphics>  "package:graphics"
5  <environment: package:grDevices> "package:grDevices"
6  <environment: package:datasets>  "package:datasets"
7  <environment: 0x00000235dd851900> "renv:shims"
8  <environment: package:utils>     "package:utils"
9  <environment: package:methods>   "package:methods"
10 <environment: 0x00000235da169468> "Autoloads"
11 <environment: base>              ""
12 <environment: R_EmptyEnv>        ""
```

parenvs 함수는 인자로 e와 all을 받는데, e는 환경이나 다른 객체를 입력받고 지정되지 않는 경우 함수가 실행된 환경을 입력받는다. 또한 all을 TRUE로 설정하면 모든 부모 환경(parent environment)을 출력한다. 위 코드의 실행 결과는 불러온 패키지에 따라서 매 세션마다 달라질 수 있다.

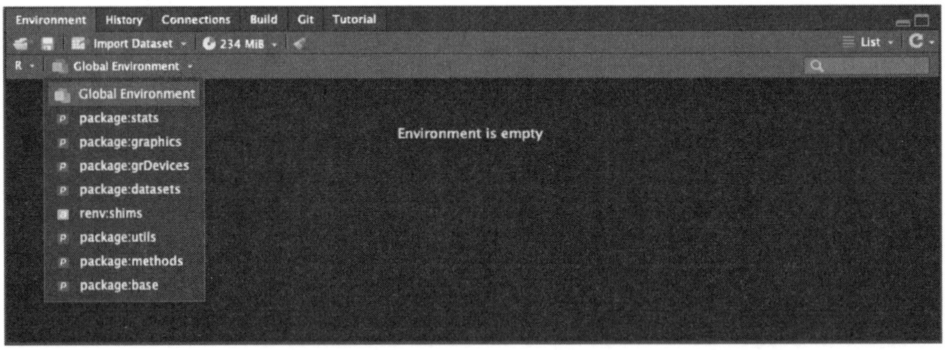

그림 3.1 RStudio Environment 탭

위에서 살펴본 환경의 정보는 환경의 트리(tree)를 보여주는데, 가장 하위 라벨 환경인 R_GlobalEnv에서부터 최상위 라벨 환경인 R_EmptyEnv까지 구조가 나타난다. R의 모든 객체(벡터, 행렬, 리스트, 데이터 프레임과 같은 데이터뿐만 아니라 함수들도 포함)는 환경에 저장된다. 패키지를 불러오게 되면 해당 패키지는 현재 환경

의 검색 경로(search path)에서 최우선으로 추가되는데, 최근에 불러온 패키지의 환경이 가장 먼저 검색된다는 것을 의미한다. R의 검색 경로는 `search()` 함수를 통해 확인할 수 있으며, 이 경로는 패키지와 환경이 검색되는 순서를 나타낸다.

그렇기 때문에 환경을 이해해야 R에서 함수를 호출하거나 데이터를 불러올 때 어떤 경로로 객체를 찾아오는지 알 수 있다. 예를 들어 R에서 데이터 처리에 많이 사용하는 `dplyr` 패키지를 다음의 코드로 불러오면

```
library(dplyr)
```

아래와 같은 형식의 메세지를 확인할 수 있다.

```
The following objects are masked from ‘package:stats’:

    filter, lag
```

실제로는 패키지를 불러온 상태에 따라서 더 많은 메세지가 출력될 수도 있다. 이 메세지는 `stats` 패키지의 `filter`와 `lag`라는 객체(여기서는 함수)가 가려졌다는 의미이다. 이는 `dplyr` 패키지의 `filter`와 `lag`라는 이름의 함수가 존재하는데 검색 경로에서 상위에 해당하기 때문에 `stats`에 존재하는 같은 이름의 함수를 마스크(mask)해서 생기는 문제이다. 아래 코드를 통해 검색 경로의 우선 순위를 확인할 수 있다.

```
search()
 [1] ".GlobalEnv"        "package:dplyr"     "package:pryr"
 [4] "package:stats"     "package:graphics"  "package:grDevices"
 [7] "package:datasets"  "renv:shims"        "package:utils"
[10] "package:methods"   "Autoloads"         "package:base"
```

이름 충돌을 해결하고 `stats` 패키지에 있는 함수를 사용하기 위해서는 네임스페이스(namespace)[11]를 이용하여 `stats::filter()`와 같이 패키지의 이름을 :: 기호와 같이 입력해야 한다.

11) R에서 네임스페이스는 함수, 객체 및 데이터 등의 이름 충돌을 방지하고 캡슐화된 환경을 제공하는 시스템을 의미한다.

3.2 스코핑 규칙과 환경의 구조

앞에서 설명한 객체의 마스크 현상 등과 같은 환경과 관련된 규칙들을 더 정확하게 이해하기 위해서는 R에서 객체를 저장하고 찾아오는 규칙을 이해할 필요가 있다. 우선 R을 실행하고 데이터 분석 및 프로그래밍 작업을 수행하는 과정에서 기본적인 사용자의 작업 공간(workspace)은 전역 환경이다. 이 환경은 `globalenv()` 함수를 이용해서 접근할 수 있으며 콘솔 창에서 생성하는 객체는 기본적으로 여기에 저장된다. RStudio에서 `Environment` 탭은 별도로 선택하지 않으면 전역 환경에 존재하는 객체들을 보여준다.

현재 환경의 트리 구조는 아래와 같다.

```
parenvs(all=TRUE)
   label                              name
1  <environment: R_GlobalEnv>         ""
2  <environment: package:dplyr>       "package:dplyr"
3  <environment: package:pryr>        "package:pryr"
4  <environment: package:stats>       "package:stats"
5  <environment: package:graphics>    "package:graphics"
6  <environment: package:grDevices>   "package:grDevices"
7  <environment: package:datasets>    "package:datasets"
8  <environment: 0x00000235dd851900>  "renv:shims"
9  <environment: package:utils>       "package:utils"
10 <environment: package:methods>     "package:methods"
11 <environment: 0x00000235da169468>  "Autoloads"
12 <environment: base>                ""
13 <environment: R_EmptyEnv>          ""
```

따라서 `parent.env()` 함수를 통해 최하위 환경인 전역 환경의 부모 환경을 살펴보면 아래와 같다.

```
parent.env(globalenv())
<environment: package:dplyr>
attr(,"name")
[1] "package:dplyr"
attr(,"path")
```

```
[1] "/Library/Frameworks/R.framework/Versions/4.4-arm64/Resources/library/
dplyr"
```

이런 형태로 현재 환경이 어떤 상위 환경에 포함[12]되어 있는지 확인할 수 있다. 이 환경은 `dplyr` 패키지의 환경으로 아래와 같다.

```
as.environment("package:dplyr")
<environment: package:dplyr>
attr(,"name")
[1] "package:dplyr"
attr(,"path")
[1] "/Library/Frameworks/R.framework/Versions/4.4-arm64/Resources/library/
dplyr"
```

환경에 저장된 객체의 목록 조회하기 위해서 `ls()` 함수를 사용할 수 있다. 이미 R을 많이 사용해 보면 학습자라면 R 코드를 작성하는 사람들이 코드 상단에 `rm(list=ls())` 코드를 추가하는 것에 익숙할 것이다. `remove` 혹은 `rm` 함수(두 함수는 동일한 R 함수이다)는 R에서 객체를 제거하기 위해 사용한다. 이때 `list` 인자를 통해 객체의 이름을 담은 벡터를 받아서 객체를 삭제하는데, `ls()`를 대입하면 전역 환경에 존재하는 객체 전체를 삭제하여 코드 실행 과정에서 혼선과 충돌을 방지하기 위해 사용할 수 있다.

참고로 RStudio에서 `Environment` 탭에서 보이는 것처럼 객체의 타입과 일부 값을 확인하기 위해서는 `ls.str()` 함수를 실행하면 된다. 객체 조회를 위한 `ls()` 함수는 그 인자로 환경을 받도록 되어 있다. `ls()` 함수를 그냥 실행하면 전역 환경에 존재하는 객체를 출력하는데, 이는 `ls()` 함수에서 환경을 지정하는 `name` 인자의 기본값이 현재 작업 환경으로 설정되어 있기 때문이다. 따라서 `ls()`의 실행은 `ls(globalenv())`와 같다고 이해할 수 있으며, 다른 환경 인자를 넣어 해당 환경에 존재하는 객체를 조회할 수 있다. 예를 들면 `ls(package:stats)`와 같은 형태로 `stats` 패키지의 환경에서 다양한 객체를 조회할 수 있다.

트리 구조를 이해한다면 R에서 객체를 찾기 위한 스코핑(scoping) 규칙을 이해할

12) 실제로는 환경이 메모리(memory)에만 존재하고 상위 환경 안에서 저장되는 것이 아니라 연결되어 있는 형태이므로 물리적 포함 관계를 나타내지는 않는다. 하지만 직관적 이해를 위해서 최하위 환경부터 최상위 환경까지 포함 구조로 되어있는 것으로 이해하면 편리하다.

수 있다. R은 기본적으로 객체를 현재 작업 환경에서 찾으려고 시도한다. 만약 객체를 찾을 수 없다면 부모 환경으로 반복적으로 옮겨 가면서 검색을 수행한다. 최상위 환경까지 객체를 발견하지 못하면 에러 메세지를 반환하게 된다. 패키지를 새로 불러오게 되면 검색 경로 상 전역 환경 바로 뒤에 위치하므로 여기에서 전역 환경에 없는 객체를 탐색하게 된다. 이러한 검색 경로의 우선 순위 문제로 인해 함수가 마스크되는 문제가 발생하는 것이다. R을 처음 배우는 과정에서 R에서 제공하는 기본적인 함수와 같은 이름의 함수를 만들지 말라는 이야기를 많이 들을 것이다. 이는 전역 환경에서 함수를 만들게 되면 `base` 패키지 등에서 제공하는 함수가 마스크되기 때문에 발생하는 문제를 막기 위함이다. 엄밀하게 접근하면 네임스페이스의 추가에 따른 검색 경로의 수정과 환경 체계 관점에서 부모 환경의 추가를 구분해서 설명할 수 있지만, R의 동작 원리에 한정해서 보면 이러한 구분이 실용적으로 큰 의미를 가지지는 않을 것으로 보인다.

3.3 동작 환경과 함수 호출의 이해

환경에 관한 다소 추상적인 설명은 이름의 충돌뿐 아니라 프로그래밍 작성에서도 중요한 의미가 있다. 실제로 이 부분은 R을 이용해서 처음 프로그램을 작성하는 학습자들이 종종 실수를 하는 부분이어서 유의할 필요가 있다. 이 과정에서 대부분의 문제는 함수가 실행되는 런타임 환경(runtime environment)을 이해하지 못하기 때문에 발생한다. 이 섹션에서는 간단한 예제들을 통해 함수의 호출과 관련된 동작 환경을 설명하고자 한다.

우선 간단한 함수를 작성하여 함수 호출 시 동작 환경과 그 부모 환경, 그리고 객체의 변화에 대해서 설명한다. 기본적으로 R에서 객체를 생성하는 경우 현재 작업하고 있는 환경에서 생성이 이루어지며, 같은 이름의 객체가 존재하면 덮어써서 새로운 객체를 저장하게 된다. 전역 환경에 `nums`라는 객체를 만들어 벡터를 저장해 보자.

```
nums = 1:5
```

RStudio를 사용하면 `Environment` 탭에 객체가 생성되는 것을 확인할 수 있으며 `ls()`나 `ls.str()` 함수를 실행해서 이를 확인할 수도 있다. 이제 다음의 함수를 작성하고 실행해 보자.

```
add_numbers = function()
{
  nums = 1:10
  sum_nums = sum(nums)
  return(list(value = sum_nums,
              runtime_env = environment(),
              parent_env = parent.env(environment()),
              objects_env = ls.str(environment())
              ))
}
add_numbers()
$value
[1] 55

$runtime_env
<environment: 0x00000235de56e578>

$parent_env
<environment: R_GlobalEnv>

$objects_env
nums :  int [1:10] 1 2 3 4 5 6 7 8 9 10
sum_nums :  int 55
```

위 함수의 내부를 보면 `nums` 변수의 1부터 10까지의 정수를 저장한 후 그 합을 `sum_nums`에 저장한다. 그리고 함수의 실행 결과로 여러 값들의 리스트(list) 형태로 반환한다. 우선 `sum_nums`를 반환하고 있으며, 추가로 `runtime_env`에서 런타임 환경이라고 부르는 함수가 실행된 환경, `parent_env`에서 실행 환경의 부모 환경을 반환하고 `objects_env` 런타임 환경의 객체들을 반환한다.

위 함수의 실행 결과가 전역 환경에 미치는 영향을 확인해 보면 다음과 같다. 우선 `add_numbers`라는 함수는 전역 환경에서 생성되었으므로 당연히 하나의 객체로서 저장되고, `Environment` 탭에서 확인 가능하다. 다음의 코드를 통해 확실히 함수가 전역 환경에 존재함을 확인할 수 있다.

다음으로, 함수가 실행되는 `runtime_env`는 호출된 함수의 동작 환경을 보여준다. 코드의 실행 결과를 통해 이 환경이 전역 환경이 아님을 알 수 있다. 이 환경은

```
environment(add_numbers)
<environment: R_GlobalEnv>
```

런타임 환경으로, 함수가 호출될 때 실시간으로 생성되며 함수 실행이 끝나면 사라진다. 따라서 반환(return)되지 않는 객체들은 함수 종료와 함께 소멸된다고 이해할 수 있다. 이 함수는 전역 환경에서 호출되었기 때문에 런타임 환경의 부모 환경은 전역 환경이며, 이는 parent_env를 통해 확인할 수 있다. object_env는 함수 실행 중 런타임 환경에 존재하는 객체들을 보여준다. 여기서 nums는 1부터 10까지의 정수를 담은 벡터이며, sum_nums는 이 벡터의 합인 55를 저장하고 있다.

여기서 혼동하기 쉬운 부분은 함수 실행 이후 nums에 어떤 값이 남아 있는가이다.

```
print(nums)
[1] 1 2 3 4 5
```

코드의 실행 결과를 보면 전역 환경의 nums는 여전히 1부터 5까지의 정수 값을 가지고 있는 것을 확인할 수 있다. 이는 1부터 10까지의 정수 값을 가지는 nums 벡터를 런타임 환경에서 생성된 객체로 환경이 다른 전역 환경의 nums를 덮어쓰지 않았기 때문이다. 다시 말해 객체의 이름이 같을 뿐 환경이 다르기 때문에 두 객체는 독립적으로 존재하고 소멸한다.

다음 코드는 혼동할 수 있는 다른 상황을 보여준다.

```
add_numbers_2 = function()
{
  sum_nums = sum(nums)
  return(sum_nums)
}
add_numbers_2()
[1] 15
```

앞에 설명에 따르면 위 코드는 실행되지 않아야 할 것 같다는 느낌을 준다. 왜냐하면 런타임 환경 안에 nums라는 벡터가 정의되지 않았기 때문이다. 하지만 위 코드는 정상적으로 실행되며 1부터 5까지 정수의 합을 계산해 준다. 이러한 현상은 스코핑 규칙을 떠올리면 이해할 수 있다.

add_numbers_2() 함수가 전역 환경에서 실행되면 이 함수의 런타임 환경이 생성되며, 여기에서 nums 벡터를 찾아서 그 합을 계산하려고 한다. 하지만 nums를 찾을 수 없기 때문에 스코핑 규칙에 따라 부모 환경에서 nums를 찾으려고 시도한다. 마침 부모 환경인 전역 환경에 1부터 5까지의 정수를 담고 있는 nums 벡터가 있기 때문에 그 합인 15를 계산하여 반환하게 된다.

위 두 가지 예는 많은 초급 사용자들이 실수하는 부분이다. 전역 환경에 존재하는 객체를 업데이트했다고 생각하는 경우에 함수를 실행한 이후 변화가 없음을 눈치채지 못하는 경우가 종종 있다. 이보다 더 흔한 경우는 전역 환경에서 이런저런 작업을 수행하며 실험을 하다가 함수화를 진행할 때 전역 환경에 있는 변수를 가지고 와서 함수를 작성하는 경우가 있다. 이렇게 작성한 함수를 다른 세션에서 사용하거나 다른 사람에게 공유한다면 새로운 실행 환경에서는 해당 변수를 찾을 수 없어 에러가 발생하게 된다.

R 프로그래밍에 익숙한 사용자들은 이러한 실수를 하지 않지만, 초급 사용자들은 프로그래밍 과정에서 환경의 개념을 생각해 보는 것만으로도 불필요한 에러를 방지할 수 있다. 특히 복잡한 알고리즘을 구현하기 위해서 작업들을 모듈화하여 함수를 작성한 경우 함수 안에서 함수가 실행되는 중첩 구조(nested structure)를 가지게 되는데, 이때 함수를 작성한 이후 원하는 객체의 생성 및 수정이 안 되거나 내부에 있는 함수가 인자를 찾지 못하는 경우를 미연에 방지할 수 있다.

이 장의 내용을 정리하는 차원에서 R 개발자들이 빈번하게 사용하는 코딩 방식 중 하나를 살펴보고자 한다. 초급자들은 아래 코드에서 환경의 관점에서 직접 분석해 보는 것을 권장한다.

```
nums = 1:5
modify_nums = function(nums)
{
  nums = nums + 1
  return(nums)
}
nums = modify_nums(nums = nums)
nums
[1] 2 3 4 5 6
```

우선 코드의 첫 번째 줄을 실행하면 전역 환경에 1부터 5까지의 정수를 저장하고 있는 nums 벡터가 생성된다. 함수의 정의 부분을 살펴보면 인자를 한 개 받고 있는

데 인자의 이름을 nums로 사용하고 있다. 인자의 이름은 함수가 호출될 때 생성되는 런타임 환경에서 변수의 이름으로 사용되며 실제 인자의 입력된 객체가 이 변수에 저장된다. 따라서 함수의 내부에서 사용되고 있는 nums는 모두 런타임 환경의 객체이며 이 환경 안에서 값의 업데이트가 이루어지고 있다. nums = modify_nums(nums = nums)를 실행하게 되면 전역 환경에 존재하는 nums에 modify_nums(nums = nums)의 반환 값을 저장하여 업데이트가 이루어지게 된다. 이때 modify_nums() 함수의 인자로 전역 환경에 있는 nums가 사용된다. 따라서 이 코드는 런타임 환경의 nums 변수를 생성할 때 전역 환경의 nums를 가져와서 생성하며, 이렇게 생성된 런타임 환경의 벡터 nums의 모든 원소에 1을 더해서 반환하게 된다. 이 결과가 반환되어 전역 환경에 있는 nums에 저장되기 때문에, 결과적으로 이 코드는 전역 환경에 있는 nums 벡터의 각 원소에 1씩 더하는 작업을 수행하게 된다.

이 예제는 다소 작위적이지만 함수의 인자 이름과 동일한 전역 환경의 객체를 생성하여 인자로 대입하는 스타일은 코드의 가독성을 높이고, 객체의 이름을 정하는 과정에서 발생하는 창작의 고통을 해결하기 위해 관습적으로 많이 사용하는 스타일이기 때문에 이를 정확히 이해할 필요가 있다.

4장

R을 활용한 수치 알고리즘 구현

4.1 수치 알고리즘의 이해

우리는 일상 속에서 의식하지 못한 채 끊임없이 알고리즘을 사용한다. 아침에 휴대전화로 날씨를 확인하고, 가장 빠른 길을 안내받으며, 온라인에서 물건을 구매하는 모든 과정에 알고리즘이 숨어 있다. 알고리즘은 문제를 해결하기 위한 일련의 절차나 규칙으로, 인간의 사고를 체계화하고 이를 기계가 이해하고 실행할 수 있도록 만드는 핵심 도구이다. 수학과 컴퓨터 과학의 만남에서 태어난 알고리즘은 복잡한 문제를 단순화하고, 추상적인 개념을 구체적인 실행 가능 형태로 변환하는 다리 역할을 한다. 이 과정에서 수학적 사고는 문제의 본질을 이해하고 이를 정량적으로 표현하는 데 도움을 주며, 프로그래밍은 이를 바탕으로 실행 가능한 결과물을 만들어낸다. 이 장은 바로 이러한 알고리즘의 설계와 구현 과정의 기초를 탐구하고자 한다.

통계학 및 데이터 과학을 공부한 사람들이 실제로 프로그래밍을 해야 하는 환경에 놓였을 때 한 줄도 코드를 작성하지 못하고 고민에 빠지는 경우는 드물지 않다. R이나 다른 프로그래밍 언어의 문법을 자세히 공부했다고 하더라도 이런 문제가 자주 발생하게 되는데, 그 이유는 해결하고자 하는 문제를 수식과 알고리즘으로 명확하게 이해하지 못하기 때문이다. 수식, 알고리즘, 코드 간의 전환은 특히 데이터 과학 분야에서 중요한 역할을 한다. 수식에서 출발해 이를 알고리즘으로 구체화하고, 다시 이를 실행 가능한 코드로 변환하는 능력은 우수한 프로그래머로 성장하기 위한 핵심 요소이다. 하지만 이러한 능력을 갖춘 사람은 많지 않다. 대부분은 한 영역에

치우치거나, 수식과 코드 사이의 연결 고리를 충분히 이해하지 못한다. 이 장은 이러한 장벽을 넘어서 수식과 알고리즘, 코드를 자연스럽게 넘나들 수 있는 사고방식을 습득하는 데 도움이 되는 흐름을 소개한다.

수행하고자 하는 작업을 수치 알고리즘으로 설계하여 구현하는 기술은 한순간에 습득할 수 있는 것이 아니다. 이 장에서는 알고리즘과 관련된 이론을 설명하는 대신, 실제로 수학적 내용을 알고리즘과 코드로 변환하는 기초적인 과정을 예시로 보여주려고 한다. 이번 부의 뒷부분에서는 조금 더 복잡한 알고리즘의 구현을 살펴볼 수 있다. 이 장에서는 기본적인 흐름을 보여주기 위한 예제로 간단한 수치 계산을 구현하는 함수를 작성하는 과정을 살펴보고자 한다. 수치 선형대수와 수치 적분은 최적화 알고리즘 등과 함께 통계학 및 머신러닝 분야 모델 구현의 기초가 되며, 여기서부터 조금씩 복잡한 알고리즘을 구현하고 코드를 분석해 나가는 것은 R을 이용한 프로그래밍 학습에 도움이 될 것이라 생각한다. 이 장의 예제는 비교적 간단한 편이지만 앞으로 점점 복잡한 코드를 작성하게 되면서 디버깅 과정이 필요하게 될 것이다. R에서 코드를 디버깅할 때 사용할 수 있는 기본적인 도구들에 익숙하지 않다면 7장을 참고하기 바란다.

4.2 알고리즘 구현을 위한 프로그래밍 가이드라인

안타깝게도 복잡한 알고리즘을 한 번에 쉽게 구현할 수 있는 방법은 존재하지 않는다. 그럼에도 불구하고 몇 가지 간단한 가이드라인을 참고하여 간단한 프로그램 작성을 연습해 나간다면 복잡한 알고리즘의 구현도 가능해질 것이라고 생각한다. 아직은 그다지 실용적이지는 않지만 전반적인 프로그래밍 순서부터 살펴보자면 다음과 같이 이해할 수 있을 것이다.

1. 해결하고자 하는 문제를 명확하게 이해하는 과정
2. 문제 해결을 위한 방법을 도출하거나 검색하는 과정
3. 프로그래밍 언어로 구현할 수 있도록 방법을 구체화하는 과정
4. 프로그래밍 언어로 구현하는 과정
5. 구현된 프로그램을 확인하는 과정(필요한 경우 상위 단계로 이동)

각각의 단계를 세부적으로 살펴보고, 이후 섹션에서 실제로 간단한 알고리즘들을 이에 맞춰 구현해볼 것이다.

4.2.1 해결하고자 하는 문제를 명확하게 이해하는 과정

이 과정은 간단해 보이지만 항상 그렇지는 않다. 특히 R 사용자 커뮤니티의 대다수를 구성하는 통계학 및 데이터 과학 분야 연구자들과 실무자들에게는 더욱 어려움이 많다. 이는 모형과 방법론의 대부분이 수식의 형태로 표현되기 때문이다. 복잡한 원리와 수식의 이해를 피하고 실행 가능한 코드를 작성하는 경우도 있겠지만, 깊게 들어가게 되면 프로그램의 수준은 작성한 사람의 수학적 이해도를 넘어설 수 없다. 이 단계에서는 수식을 말로 표현할 수 있고, 말로 표현된 내용을 수식으로 변환할 수 있어야 한다. 만약 이해에 어려움을 겪는다면 구체적이고 간단한 예제를 통해 문제를 파악하는 과정이 도움이 될 수 있다. 이에 대해서는 다음에 나오는 섹션들에서 살펴보겠다.

4.2.2 문제 해결을 위한 방법을 도출하거나 검색하는 과정

새로운 문제를 해결해야 하는 경우 주어진 문제를 명확히 이해한 후에 어떤 해결 방법이 필요한지 검토하는 과정이 필요하다. 이때 완전히 새로운 알고리즘을 설계해야 하는 경우도 있지만 많은 경우 기존의 여러 알고리즘들을 응용하거나 조합하여 사용할 수 있다. 방법을 도출하고 검색하는 과정은 단순히 다른 사람이 작성한 코드를 가져오는 것을 넘어 자신에게 주어진 문제를 기능에 따른 모듈(module) 단위로 검토하고, 각각의 단위 문제 해결을 위한 설계의 과정을 포함한다.

4.2.3 프로그래밍 언어로 구현할 수 있도록 방법을 구체화하는 과정

아직 복잡한 프로그램을 작성하는 과정이 익숙하지 않다면 이 과정이 가장 개선의 여지가 많은 부분이 될 것이다. R을 사용하는 경우가 아니더라도 초급 단계의 프로그래밍을 공부하는 학습자들이 흔하게 마주치는 상황 중 하나가 언어의 문법을 배운 이후에 프로그래밍을 시작할 때 어디서부터 어떻게 코드를 작성해야 하는지 모르는 경우이다. 하지만 비어 있는 편집기를 멍하니 바라보면서 아이디어가 떠오르기를 바라는 것은 좋은 접근이 아니다. 전체 알고리즘을 세분화하고 각 부분을 하나씩 구현해 나가면 복잡한 프로그램도 쉽게 작성할 수 있을 것이다. 점점 프로그래밍에 익숙해지면서 이 단계는 생략되거나 간소화되겠지만 여전히 어딘가에 걸려서 막혀 있다는 느낌이 들 때는 이 단계를 검토해 볼 필요가 있다.

다음 섹션에서는 쉬운 예제를 복잡하게 풀어보는 다소 비효율적인 과정 속에서 이 단계를 살펴볼 것이다. 이 장의 내용을 바탕으로 궁극적으로는 복잡한 문제를 쉽게 해결할 수 있기를 바란다.

4.2.4 프로그래밍 언어로 구현하는 과정

위 모든 과정이 정리가 잘 되어 있다면 직접 구현하는 과정은 가장 쉬운 과정이 될 것이다. 만약 이 과정이 어렵게 느껴진다면 문제의 원인을 상위 단계에서 찾을 필요가 있다. 이미 언어의 기초적인 내용을 공부한 상태라면 추가로 언어를 공부하는 것은 해결책이 되지 않는 경우가 많다. 사전식 매뉴얼이나 입문서 여러 개를 읽어야 되는 경우는 거의 없다는 점을 기억해야 한다.

4.2.5 구현된 프로그램을 확인하는 과정

구현된 프로그램의 작동을 확인할 때는 한 가지 예제만 사용하는 것이 아니라 여러 예제를 사용하여 검증할 필요가 있다. 또한 다른 사용자들이 사용할 수 있게 구현하고자 한다면 예외적인 상황에 대한 대처가 잘 되는지도 확인해 볼 수 있다. 만약 검증 과정에서 문제가 생겼다면 7장의 내용을 참고해 디버깅(debugging) 과정을 거쳐 해결할 수도 있고, 상위 단계에서 잘못된 부분을 찾아서 해결하는 접근을 할 수도 있다.

4.3 정렬 알고리즘을 통한 구현 과정 이해

이 섹션에서는 유한한 길이의 수열을 오름차순으로 정렬하는 프로그램을 작성한다고 가정한다. 정렬 알고리즘은 기초적인 알고리즘으로, 손쉽게 구현할 수 있지만 예를 들기 위해서 앞에서 설명한 가이드라인에 따라서 구현을 진행해 볼 것이다.

4.3.1 해결하고자 하는 문제를 명확하게 이해하는 과정

우선 해결하고자 하는 문제는 숫자 벡터를 입력 받아서 작은 수에서 시작해 순서대로 정렬하는 것이다. 만약 이 문제가 이해하기 어려운 문제라면 예제를 만들어서 이해해볼 수 있다. 예제를 만들 때 중요한 것은 지나치게 사소하거나 당연한 예제를 피하는 것이다. 만약 (6, 9, 2, 12, 7, 4)로 구성된 숫자 벡터를 입력 받았다면 출력의 결과는 (2, 4, 6, 7, 9, 12) 벡터가 될 것이다.

4.3.2 문제 해결을 위한 방법을 도출하거나 검색하는 과정

이 문제를 해결하기 위해 알고리즘을 고안하거나 다른 자료를 찾아볼 수 있다. 여기서는 가장 이해하기 쉬운 알고리즘 중 하나인 **선택 정렬(selection sort)** 방법을 살펴보려고 한다. 일반적으로 방법론의 이름을 아는 것 자체는 문제 해결에 도움이 별로 되지 않지만, 참고 자료나 코드를 검색할 때 도움이 많이 된다. 선택 정렬 알고리즘이 작동하는 방식은 다음과 같다. 배열에서 가장 작은 값을 찾아 순서대로 앞쪽으로 이동시키는 정렬 알고리즘이다. 가장 작은 값이 맨 앞으로 이동하고 나면 그다음으로 작은 항이 앞에서 두 번째 자리로 이동하는 방식으로, 모든 숫자를 정렬하게 된다. 알고리즘의 순서를 간단하게 정리하면 다음과 같다.

1. 배열에서 가장 작은 값을 찾아 첫 번째 위치와 교환
2. 그다음 두 번째로 작은 값을 찾아 두 번째 위치와 교환
3. 이 과정을 마지막까지 반복

4.3.3 프로그래밍 언어로 구현할 수 있게 방법을 구체화하는 과정

프로그래밍 경험이 충분히 많다면 정렬 알고리즘에 대한 위 설명만으로도 바로 코드로 구현을 할 수 있을 것이다. 다만 예시를 위해서 알고리즘을 언어 친화적으로 구체화하는 과정을 살펴보려고 한다. 이 과정은 알고리즘의 복잡도와 협업 여부에 따라서 머릿속으로 수행할 수도 있고, 문서화할 수도 있다.

우선 첫 번째 위치부터 마지막 위치까지 반복하는 알고리즘을 작성하는 것이기 때문에 고정된 길이(n이라고 표기)의 벡터에 대해 반복을 수행하는 `for` 반복문을 작성되어야 한다. 만약 i번째 위치에 들어갈 값을 찾는다면 $i-1$번째 위치까지는

이미 가장 작은 순서부터 차례대로 정렬이 되어 있을 것이기 때문에 i번째 이후의 원소들과 크기를 비교해야 한다. 첫 번째 위치는 예외의 경우지만 같은 원리로 동작한다. 이 과정에서 최솟값의 인덱스(index)를 저장할 수 있는 변수가 필요할 것이다. 우선 최솟값의 인덱스 `min_index`를 i로 설정한 이후, 하나씩 숫자를 비교해 나가는 과정에서 더 작은 숫자를 발견한다면 그 숫자의 인덱스로 `min_index`를 업데이트한다. 이 과정을 n번째 숫자까지 반복하고 나면 `min_index`에는 i번째 부터 n번째 숫자 중 가장 작은 최솟값에 해당하는 인덱스가 저장되어 있을 것이다. 마지막으로 `min_index`에 해당하는 숫자를 i번째 자리로 이동시키기 위해, 이 숫자와 원래 i번째에 저장되어 있던 숫자를 바꿔주는 작업을 할 것이다. R에서 두 변수의 저장된 값들을 교환하기 위한 기본적인 방법은 임시 변수를 생성하여 3개의 변수를 회전시켜 교환하는 것이다.

이상의 내용을 대략적으로 구조화하여 정리하면 아래와 같다.

```
# 첫 번째 위치부터 마지막 위치까지 반복
for i in 1 to n-1
  # 최솟값의 인덱스 초기화
  min_index = i
  # i번째 이후에 원소들과 크기 비교
  for j in (i+1) to n
    if j번째 숫자 < min_index에 해당하는 숫자
      # min_index를 더 작은 값의 위치로 업데이트
  # min_index가 업데이트 되었는지 확인
  # (업데이트 되지 않았다면 이미 i번째 위치 숫자가 i번째로 작은 숫자)
  if min_index != i
    # 임시 변수 생성 후 min_index에 해당하는 숫자와 i번째 숫자 교환
    temp = i번째 숫자
    i번째 숫자 = min_index에 해당하는 숫자
    min_index에 해당하는 숫자 = temp
retun 정렬된 벡터
```

간단한 알고리즘을 지나치게 분석한 감이 있지만 연습용 예제라는 점을 감안하기 바란다. 위와 같은 형태로 구조가 머릿속에 있다면 사용하는 프로그래밍 언어(우리의 경우 R 언어)의 문법에 맞춰서 코드로 옮기면 된다.

4.3.4 프로그래밍 언어로 구현하는 과정

상위 과정을 성공적으로 수행했다면 구현 과정은 매우 단순하다. 재사용을 염두에 둔 코드이기 때문에 함수로 구현해 볼 것이다. 오직 이 단계에서만 우리가 R을 사용하고 있다는 사실이 중요해지며, R로 구조를 구현하기 어려운 경우에만 언어의 문법 공부가 의미를 가진다.

```
selection_sort = function(vec)
{
  # 길이가 n인 입력 벡터
  n = length(vec)

  for (i in 1:(n-1))
  {
    min_index = i
    for (j in (i+1):n)
    {
      if (vec[j] < vec[min_index])
      {
        min_index = j
      }
    }
    if (min_index != i)
    {
      temp = vec[i]
      vec[i] = vec[min_index]
      vec[min_index] = temp
    }
  }
  return(vec)
}
```

4.3.5 구현된 프로그램을 확인하는 과정

작성한 코드는 항상 여러 예제를 통해 검증해야 한다. 앞에서 고려했던 간단한 예제인 (6, 9, 2, 12, 7, 4) 벡터의 정렬을 수행하면 다음과 같다.

```
vec = c(6, 9, 2, 12, 7, 4)
sorted_vec = selection_sort(vec)
print(sorted_vec)
[1]  2  4  6  7  9 12
```

출력 결과가 기대한 대로 나오는 것을 확인할 수 있다. 만약 임의의 실수를 정렬하기 위해 사용한다면 다음과 같은 검증을 시도할 수 있다.

```
set.seed(123)
vec = runif(10)
print(vec)
 [1] 0.2875775 0.7883051 0.4089769 0.8830174 0.9404673 0.0455565 0.5281055
 [8] 0.8924190 0.5514350 0.4566147
print(selection_sort(vec))
 [1] 0.0455565 0.2875775 0.4089769 0.4566147 0.5281055 0.5514350 0.7883051
 [8] 0.8830174 0.8924190 0.9404673
```

이번에도 정렬이 잘 되는 것을 확인할 수 있다. 앞서 설명한 것처럼 만약 배포나 협업을 위한 공유를 생각한다면 예외적인 상황도 확인해 볼 필요가 있다. 예를 들어 같은 크기의 숫자가 있거나 혹은 아래와 같이 입력 벡터의 길이가 1로 주어지는 경우에도 잘 작동하는지 확인해 볼 수 있다.

```
vec = 3
sorted_vec = selection_sort(vec)
Error in if (vec[j] < vec[min_index]) { :
  missing value where TRUE/FALSE needed
```

길이가 1인 벡터를 입력하는 경우 에러 메세지가 출력되는 것을 확인할 수 있다. 이는 안쪽에 있는 `for` 문에서 존재하지 않는 `vec`의 두 번째 원소를 찾으려 하기 때문이다. 이때 가능한 해결 방법은 길이가 1인 경우 `stop("원하는 에러 메세지")` 함수를 이용해서 길이 2 이상의 벡터를 입력하도록 유도할 수도 있고, 길이가 1인 경우 그 값이 원래대로 출력되도록 할 수도 있을 것이다. 이러한 기능을 추가하여 함수를 수정한 예시는 다음과 같다.

위와 같은 과정을 통해 알고리즘을 구체화하여 R로 구현할 수 있다. 다음 섹션에서는 약간은 더 복잡한 알고리즘을 구현해 볼 것이다.

```
selection_sort = function(vec)
{
  # 길이가 n인 입력 벡터
  n = length(vec)

  # 입력 벡터 길이가 1인 경우
  if (n < 2) return(vec)

  for (i in 1:(n-1)) {
    min_index = i
    for (j in (i+1):n) {
      if (vec[j] < vec[min_index]) {
        min_index = j
      }
    }
    if (min_index != i) {
      temp = vec[i]
      vec[i] = vec[min_index]
      vec[min_index] = temp
    }
  }
  return(vec)
}

set.seed(123)
vec = 3
print(selection_sort(vec))
[1] 3
```

4.4 수치 선형대수: 가우스 소거법

이 섹션에서는 연립선형방정식(linear system of equations)을 풀기 위한 알고리즘인 가우스 소거법(Gaussian elimination)을 다룬다. 가우스 소거법은 선형대수에서 가장 기본적인 행렬 변환 기법으로, 먼저 행 연산(row operations)을 통해 상삼각 행렬(upper triangular matrix)로 변환하는 전진 소거(forward elimination) 과정을 거친다. 이후 후진 대입(back substitution)을 수행하여 해를 구하는 방식이다.

4.4.1 해결하고자 하는 문제를 명확하게 이해하는 과정

연립방정식은 일반적으로 다음과 같은 행렬 방정식으로 표현된다.

$$Ax = b$$

사용된 기호의 정의는 다음과 같다.

- A: $n \times n$ 크기의 계수 행렬(coefficient matrix)
- x: $n \times 1$ 크기의 미지수 벡터(unknown vector)
- b: $n \times 1$ 크기의 상수 벡터(constant vector)

구체적인 예를 살펴보기 위해 다음과 같은 연립방정식을 고려해 보자.

$$\begin{aligned} 3x_1 + x_2 + 2x_3 &= 5 \\ 2x_1 - 3x_2 + 4x_3 &= -3 \\ x_1 + 2x_2 - 2x_3 &= 6 \end{aligned}$$

우리의 목표는 이 연립방정식의 해인 x_1, x_2, x_3를 구하는 것이다. 이를 행렬 형태로 나타내면 다음과 같다.

$$\begin{bmatrix} 3 & 1 & 2 \\ 2 & -3 & 4 \\ 1 & 2 & -2 \end{bmatrix} \begin{bmatrix} x_1 \\ x_2 \\ x_3 \end{bmatrix} = \begin{bmatrix} 5 \\ -3 \\ 6 \end{bmatrix}$$

선형대수(linear algebra)의 기초를 알고 있다면

$$\begin{bmatrix} 5 \\ -3 \\ 6 \end{bmatrix} = 2\begin{bmatrix} 3 \\ 2 \\ 1 \end{bmatrix} + \begin{bmatrix} 1 \\ -3 \\ 2 \end{bmatrix} - \begin{bmatrix} 2 \\ 4 \\ -2 \end{bmatrix}$$

이기 때문에, 해가 $x = (2, 1, -1)$임을 쉽게 확인할 수 있다.

4.4.2 문제 해결을 위한 방법을 도출하거나 검색하는 과정

가우스 소거법을 적용하면, 행 연산을 통해 계수 행렬 A를 상삼각 행렬로 변환한 후, 후진 대입을 수행하여 x를 구할 수 있다. 가우스 소거법의 수행 과정은 다음과 같다.

1. **전진 소거**

- 첫 번째 열의 피벗(pivot) 원소를 기준으로 아래 행의 요소들을 소거한다.
- 두 번째 열에서도 동일한 과정을 반복하여 상삼각 행렬 형태로 변환한다.

2. **후진 대입**

- 상삼각 행렬이 만들어지면, 마지막 행부터 역순으로 대입하여 x값을 구한다.

4.4.3 프로그래밍 언어로 구현할 수 있게 방법을 구체화하는 과정

방법을 구현하기 위해 구체화하는 과정에서는 해당 방법을 정확하게 수식으로 표현할 수 있어야 한다. 이 책은 선형대수학에 관한 책은 아니기에 별도의 자세한 설명 없이 알고리즘의 단계를 수식으로 제시하겠다. 혹시 이와 관련된 보충 설명이 필요하다면 Linear Algebra and Its Applications (Strang 2012) 등 표준적이고 기초적인 선형대수학 서적을 참고하면 된다. 가우스 소거법에 각 단계를 도식적으로 표현하면 다음과 같다.

1. **전진 소거**

전진 소거 단계에서는 행 연산을 사용하여 행렬의 왼쪽 아래 부분을 0으로 만든다. 이를 위해 k번째 열을 기준으로 아래 행의 요소를 소거하며, 각 행에 대한 소거 계수(elimination factor)를 정의한다. 각 행 $i(i > k)$에 대해, k번째 열을 피벗으로 사용하여 소거 계수 m_{ik}를 다음과 같이 계산한다.

$$m_{ik} = \frac{A_{ik}}{A_{kk}}$$

이 소거 계수를 이용하여, A 행렬의 원소들을 업데이트한다.

$$A_{ij} = A_{ij} - m_{ik} \cdot A_{kj}, \quad \forall j \geq k$$

상수 벡터 b도 동일한 연산을 적용하여 업데이트한다.

$$b_i = b_i - m_{ik} \cdot b_k$$

위 과정을 $k = 1, 2, ..., n-1$까지 반복하면 행렬 A는 상삼각 행렬로 변환된다.

2. 후진 대입

전진 소거가 완료되면 행렬 A는 다음과 같은 상삼각 행렬 형태가 된다.

$$\begin{bmatrix} A_{11} & A_{12} & A_{13} & \dots & A_{1n} \\ 0 & A_{22} & A_{23} & \dots & A_{2n} \\ 0 & 0 & A_{33} & \dots & A_{3n} \\ \vdots & \vdots & \vdots & \ddots & \vdots \\ 0 & 0 & 0 & \dots & A_{nn} \end{bmatrix} \begin{bmatrix} x_1 \\ x_2 \\ x_3 \\ \vdots \\ x_n \end{bmatrix} = \begin{bmatrix} b_1' \\ b_2' \\ b_3' \\ \vdots \\ b_n' \end{bmatrix}$$

여기서 b_i'는 전진 소거 이후 갱신된 상수 벡터 값이다. 이제 마지막 행부터 거꾸로 계산하여 해를 구한다. 가장 마지막 행에 대해서는 다음과 같이 계산된다.

$$x_n = \frac{b_n'}{A_{nn}}$$

그 위의 행부터는 이미 구한 해를 이용하여 x_i를 계산할 수 있다.

$$x_i = \frac{b_i' - \sum_{j=i+1}^{n} A_{ij}x_j}{A_{ii}}$$

이 과정을 $i = n-1, n-2, \dots, 1$ 순서로 반복하면 최종 해 x를 구할 수 있다. 이 내용을 프로그래밍 언어 친화적으로 표현하면 다음과 같다.

```
# 1. 전진 소거
for k in 1 to (n-1):  # k번째 열을 피벗으로 설정
    for i in (k+1) to n:  # k번째 열 아래의 행을 소거
        factor = A[i, k] / A[k, k]  # 소거 계수 계산
        for j in k to n:  # k번째 열 이후 모든 열 업데이트
            A[i, j] = A[i, j] - factor * A[k, j]
        b[i] = b[i] - factor * b[k]  # 상수 벡터 b도 같이 업데이트

# 2. 후진 대입
x = 0으로 채워진 길이 n 벡터
for i in n down to 1:  # 마지막 행부터 역순으로 대입
    sum_ax = 0
    for j in (i+1) to n:
        sum_ax = sum_ax + A[i, j] * x[j]  # 이미 구한 변수 활용
    x[i] = (b[i] - sum_ax) / A[i, i]  # 최종 x 값 계산

return x  # 해 벡터 반환
```

4.4.4 프로그래밍 언어로 구현하는 과정

이제 위에서 정리한 알고리즘을 R 코드로 변환하여 구현해 보겠다. 위 단계가 선행된다면 항상 구현 과정은 가장 쉽고 편안한 단계가 될 것이다.

```
gaussian_elimination = function(A, b)
{
  n = nrow(A)

  # 전진 소거
  for (k in 1:(n-1))
  {
    for (i in (k+1):n)
    {
      factor = A[i, k] / A[k, k]
      A[i, k:n] = A[i, k:n] - factor * A[k, k:n]
      b[i] = b[i] - factor * b[k]
    }
  }

  # 후진 대입
  x = numeric(n)
  for (i in n:1)
  {
    if (i < n)
      sum_ax = sum(A[i, (i+1):n] * x[(i+1):n])
    else
      sum_ax = 0  ## 마지막 변수일 경우 sum_ax는 0

    x[i] = (b[i] - sum_ax) / A[i, i]
  }

  return(x)
}
```

4.4.5 구현된 프로그램을 확인하는 과정

앞에서 설명한 예제를 통해 작성한 함수가 잘 작동하는지 확인해 본다.
출력 결과가 기대했던 것과 같이 나오는 것을 확인할 수 있다. 실제로 이 함수를

```
A = matrix(c(3, 1, 2,
             2, -3, 4,
             1, 2, -2),
           nrow = 3, byrow = TRUE)

b = c(5, -3, 6)
solution = gaussian_elimination(A, b)
print(solution)
[1]  2  1 -1
```

사용하기 전에 다른 예제들을 만들어 여러 번 확인해야 할 것이다. 또한 예외적인 상황에 대해 대처할 수 있도록 만들어야 할 필요가 있을 수 있다. 예를 들어 현재 작성한 `gaussian_elimination()` 함수는 특이(singular) 행렬에 대해서 작동하지 않는다. 따라서 중첩된 `for` 문의 안쪽에서 `if` 조건문과 `stop()` 함수를 통해 특정 조건에서 코드 실행을 중지하고 에러 메세지를 출력하도록 수정할 수 있을 것이다.

5장

복잡한 알고리즘 구현과 모듈화의 이해

5.1 알고리즘 설계와 모듈화의 필요성

4장에서는 간단한 수치적 알고리즘을 R을 활용해 구현하는 과정을 살펴보았다. 하지만 현대의 데이터 분석과 소프트웨어 개발에서는 복잡한 알고리즘을 효과적으로 구현하는 것이 핵심적인 과제가 된다. 복잡한 알고리즘을 단순히 하나의 코드 블록으로 작성하는 것은 프로그램 작성을 어렵게 하고, 유지보수성과 확장성을 떨어뜨리며, 디버깅(debugging)과 성능 최적화에도 어려움을 초래한다. 따라서 효율적인 알고리즘 개발을 위해서는 구조적 설계와 모듈(module)화를 고려하는 것이 필수적이다.

모듈화란 프로그램을 작은 단위로 분할하는 개념이다. 이 장에서는 복잡한 알고리즘을 구현하는 과정에서 고려해야 할 핵심 원칙과 패턴을 탐구하고, 이를 모듈화하여 코드의 가독성과 재사용성을 높이는 방법을 다룬다. 특히 모듈화는 대규모 시스템에서 코드의 유지보수성을 개선하고, 여러 팀원이 협업할 때 효율적인 개발 환경을 조성하는 중요한 개념이다. 복잡한 알고리즘의 설계를 개념적으로 접근한 뒤, 이를 단계적으로 분해하고 독립적인 모듈로 변환하는 과정에 대해 설명할 것이다. 이를 통해 알고리즘의 구조를 명확히 하는 전략을 살펴보고자 한다.

다른 장들과 마찬가지로 이번 장에서도 예제를 활용하여 과정을 보여주는데 초점을 맞추고자 한다. 이를 위해 비선형 회귀(nonlinear regression) 분석에서 많이 사용하는 스플라인 기저 함수(spline basis function)에 기반한 회귀 모형의 적합 과정을

R로 구현해 볼 것이다. 그 과정에서 기저의 생성과 함수의 적합 및 예측 등 과정을 모듈화하는 방법에 대해 살펴볼 것이다. 이 장의 내용을 이해하는 데 스플라인 회귀(spline regression) 모형을 정확하게 이해할 필요는 없다. 필수적인 내용과 수식을 리뷰한 이후 이를 구현하는 데 집중할 것이다.[13] 이러한 과정에 맞춰 코드를 작성하는 연습을 하면 R을 사용한 지 얼마 되지 않은 학습자들도 복잡한 알고리즘을 어렵지 않게 구현할 수 있을 것이라 기대한다. 만약 스플라인 회귀 모형에 대한 자세한 설명이 필요하다면 인터넷에 무료로 공개된 An introduction to Statistical Learning (James et al. 2021), Elements of Statistical Learning (Hastie, Tibshirani, and Friedman 2009) 등의 책을 참고할 수 있다.

5.2 스플라인 회귀 모형의 이해

기저 함수(basis function)의 기반한 회귀 모형은 비선형(nonlinear) 회귀 함수 추정을 위해 표준적으로 사용하는 방법 중 하나이다. 기초 회귀 분석 강의에서 많이 다루는 다항(polynomial) 회귀 모형도 비선형 회귀 함수 추정에 많이 사용하는 방법이다. 하지만 다항식을 기저 함수로 사용하는 경우 회귀 함수의 국소적(local) 특징을 근사하지 못하는 경우가 많은데, 이는 다항식의 경우 하나의 구간에서 복잡한 형태를 가지기 위해서는 다른 구간들에서도 함수가 같이 복잡해지는 대역(global) 성질을 가지기 때문이다. 스플라인을 한 마디로 정의한다면 국소적 성질을 가지는 다항 함수라고 할 수 있다.

스플라인은 기본적으로 조각 다항식(piecewise polynomial) 형태를 가진다. 조각 다항식이란 매듭점(knot)으로 구분되는 부분 구간(subinterval)에서 정의된 다항식들이 연결된 형태이다. 이를 통해 구간마다 다른 양상으로 변화하는 복잡한 함수를 잘 근사할 수 있다. 하지만 스플라인이 조각 다항식과 다른 부분은 매듭점에서 얼마나 부드럽게 연결되는지에 대한 조건을 부여한다는 점이다. 이를테면 3차 스플라인은 각 부분구간에서 3차식 형태를 가지지만 매듭점에서는 육안으로 끊어짐이 구분되지 않을 정도로 부드럽게 연결된다. 그림 5.1은 스플라인과 조각 다항식을 시각화한다. 왼쪽 위 그림은 아무런 조건이 없는 조각 3차 다항식을 데이터에 적합한 그림이고,

13) 사실 이런 과정은 실무 환경에서도 적용된다. 유능한 프로그래머는 알고리즘의 핵심 수식이나 의사코드(pseudocode)만 가지고도 쉽게 알고리즘을 구현할 수 있어야 한다.

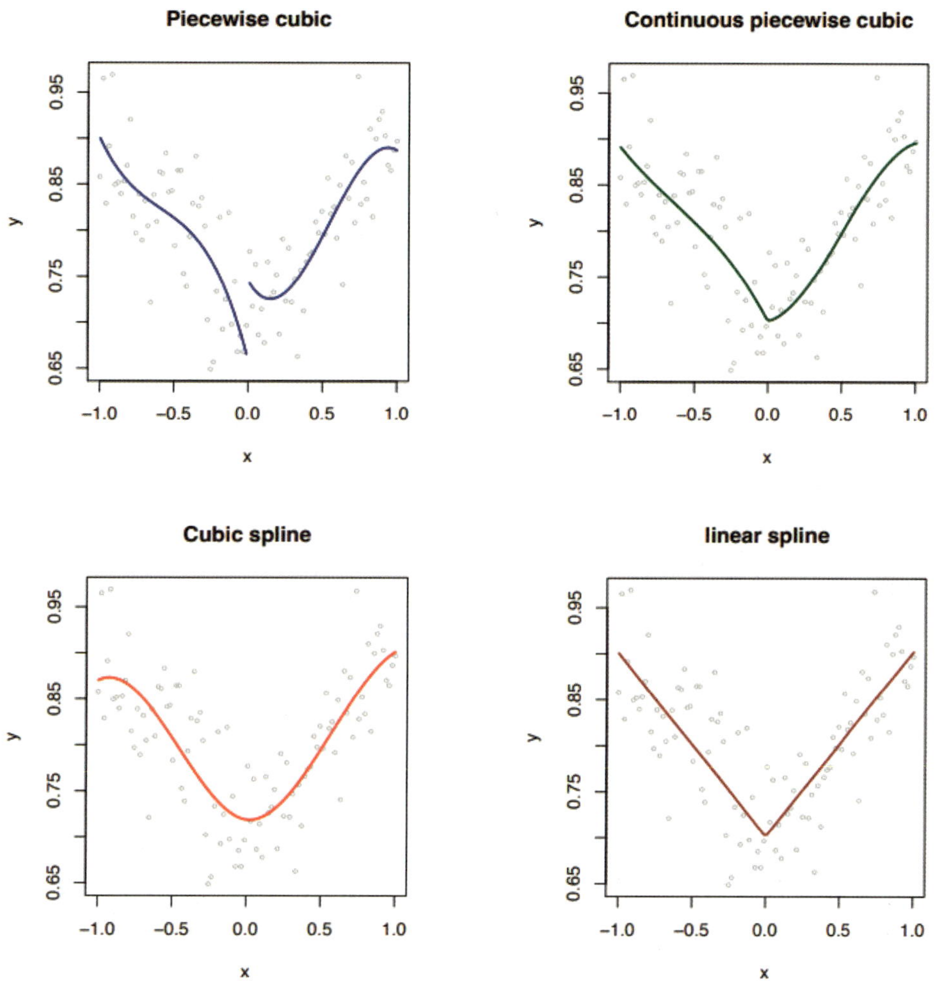

그림 5.1 스플라인 함수의 시각화

오른쪽 위 그림은 매듭점에서 연속이라는 조건 하에서 조각 3차 다항식을 적합한 예이다. 이 두 경우 함수가 부드럽지 않고 어느 점에서 끊어져 있는지 구분이 가능하다. 일반적으로 d차 스플라인 함수는 각 구간에서 d차 다항식이면서 동시에 매듭점에서 d개의 연속 조건을 만족한다. 왼쪽 아래 그림은 3차 스플라인을 시각화하는데, 함수, 1차 도함수(first derivative), 2차 도함수(second derivative)가 연속이라는 3개의 조건을 만족하여 부드럽게 연결되는 함수의 형태를 보여준다. 오른쪽 아래 그림은 구간에서 1차식이고 함수가 연속이라는 1개의 연속 조건을 만족하는 1차 스플라인 함수의 적합 결과를 보여준다.

스플라인 함수를 데이터에 적합하기 위해서는 우선 스플라인 함수를 R로 생성할 수 있어야 한다. 이를 위해 스플라인 함수들이 모여있는 함수 공간을 표현할 수 있는 기저 함수가 필요하다. d차 스플라인의 기저 함수를 $\{B_{j,d}\}_{j=1}^{J}$ 라고 하면 임의의 스플라인 함수는 $g_d(x)=\sum_{j=1}^{J}\beta_j B_{j,d}(x)$ 형태로 기저 함수의 선형 결합(linear combination)으로 표현할 수 있다. 스플라인 기저 함수로는 P-스플라인 기저와 B-스플라인 기저를 많이 사용한다. P-스플라인 기저는 스플라인 함수의 직관적 이해를 돕지만, B-스플라인 기저는 수치해석 관점에서 안정적이라는 장점이 있기 때문에 B-스플라인 기저를 많이 사용한다.[14] 이 장에서는 B-스플라인 기저 함수를 이용하여 스플라인 함수를 구현하고 최소제곱(least squares) 방법을 통해 데이터에 적합하여 비선형 회귀 분석을 수행하는 프로그램을 작성하는 과정을 살펴볼 것이다.

5.3 스플라인 회귀 모형 적합 구현을 위한 모듈화 설계

프로그램 설계를 위해 스플라인 회귀 모형을 적합하는 코드를 구현하는 데 어떤 요소들이 필요한지 생각해 볼 필요가 있다. 크게 나누면 다음과 같은 핵심 과정을 생각할 수 있다.

1. 기저 함수 만들기: 스플라인 회귀에서는 B-스플라인 기저 함수를 사용하여 입력 변수 x를 변환한다. 이를 위해 매듭점 시퀀스(knot sequence)를 설정하고, 특정 차수의 B-스플라인 함수를 계산하는 함수를 구현해야 한다.
2. 설계 행렬(design matrix) 생성: 주어진 데이터의 모든 관측값에 대해 B-스플라인 기저 함수를 적용하여 설계 행렬 G를 만든다. 설계 행렬의 각 행은 특정한 x값에서 계산된 여러 개의 B-스플라인 기저 함수 값들로 구성된다. 이는 선형 모형을 적합할 수 있도록 변환하는 역할을 한다. 데이터가 $\{(x_i,y_i)\}_{i=1}^{n}$ 형태로 주어졌을 때 G의 각 행은 x_i에 대한 스플라인 기저 함수의 값들을 저장한다. 즉, $G\in\mathbb{R}^{n\times J}$ 행렬의 i번째 행 j번째 열의 값은 $B_{j,d}(x_i)$ 형태로 계산되며 이는 i번째 관측치에 대한 j번째 기저 함수의 값이 된다. 여기서 n은 샘플의 수이고, j는 기저 함수의 수이다.
3. 최소제곱 추정법(Least Squares Estimation; LSE)을 사용하여 회귀 계수를 추

14) 최근에는 P-스플라인 기저를 사용해도 수치적 안정성이 많이 향상되었지만 매듭점이 촘촘하게 배치되는 경우 여전히 B-스플라인이 더 안정적으로 작동한다.

정: 생성된 설계 행렬 G를 활용하여 선형 모형을 적합한다. 이때 최소제곱 추정을 통해 계산된 회귀 계수 $\hat{\beta}$은 다음과 같이 주어진다.

$$\hat{\beta} = (G^\top G)^{-1} G^\top y$$

여기서 $y = (y_1, \ldots, y_n)$이다.

4. 예측(prediction): 추정된 회귀 계수를 활용하여 새로운 x 값에 대한 예측을 수행한다. 새로운 입력 데이터에 대해 설계 행렬을 다시 생성한 후, 추정된 회귀 계수 $\hat{\beta}$를 곱하여 예측값을 얻을 수 있다. 다시 말해, 예측값은 $\sum_{j=1}^{J} \hat{\beta}_j B_{j,d}(x)$ 형태로 계산된다.
5. 결과 시각화(visualization): 최종적으로 원본 데이터와 스플라인 회귀로 적합한 곡선을 시각화하여 모델 성능을 평가할 수 있다. 데이터 포인트와 함께 스플라인 회귀 모델의 적합 곡선을 함께 그려 스플라인 회귀 방법이 데이터의 패턴을 얼마나 잘 반영하는지 확인할 수 있다.

스플라인 회귀 모형을 효율적으로 구현하려면 위의 과정을 **모듈화**하여 재사용성과 가독성을 높여야 한다. 이를 위해 코드를 다음과 같이 여러 개의 함수로 나눌 수 있다.

기능	설명
b_spline()	B-스플라인 기저 함수 값을 계산하는 함수
create_design_matrix()	데이터를 기반으로 설계 행렬을 생성하는 함수
fit_spline()	최소제곱 추정법을 적용하여 회귀 계수를 계산하는 함수
predict_spline()	새로운 데이터에 대한 예측을 수행하는 함수
plot_spline()	원래 데이터와 적합된 스플라인 회귀 곡선을 시각화하는 함수

이러한 모듈화를 통해 코드의 각 부분을 독립적으로 개발하고 테스트할 수 있으며, 확장성과 유지보수성이 향상된다.

5.4 R을 이용한 스플라인 회귀 모형 적합의 구현

5.4.1 B-스플라인 기저 함수의 생성

B-스플라인 함수는 주어진 매듭점에 따라 구간별로 정의되는 다항식 함수이다. B-스플라인의 기본적인 성질 중 하나는 재귀적으로 정의할 수 있다는 점이며, 이를 통해 다양한 차수의 스플라인을 효과적으로 계산할 수 있다. B-스플라인은 구간별로 계산되기 때문에 구간을 정의하는 매듭점 시퀀스가 필요하다. 매듭점 시퀀스는 스플라인이 정의되는 구간을 결정하는 중요한 요소이며, 일반적으로 비감소(non-decreasing)하는 실수들의 집합으로 표현된다. 이를 수식으로 나타내면 아래와 같다.

$$T = \{t_0, t_1, \ldots, t_m\},\ \ t_0 \le t_1 \le \ldots \le t_m$$

여기서 각 t_i는 매듭점이라 불리며, 스플라인의 구간을 결정하는 역할을 한다. 매듭점들은 크게 경계 매듭점(boundary knots)과 내부 매듭점(interior knots)으로 구분할 수 있다.

- 경계 매듭점: 스플라인이 정의되는 범위의 시작과 끝을 나타내며, 보통 동일한 값을 여러 번 반복해서 설정한다. 예를 들어 d차 B-스플라인을 사용하면 경계 매듭점은 최소 $d+1$번 반복되어야 한다.
- 내부 매듭점: 곡선의 형태를 조절하는 주요한 매듭점들로, 일반적으로 정의역 내에 위치한다. 내부 매듭점의 개수와 배치는 B-스플라인의 형태와 연속성을 결정하는 중요한 요소이다.

B-스플라인의 차수(degree) d는 곡선을 구성하는 다항식의 차수를 의미하며, 이는 B-스플라인이 표현할 수 있는 곡선의 부드러움을 결정하는 요소이다. d차 B-스플라인은 구간마다 최대 d차 다항식을 사용하여 곡선을 표현할 수 있으며, 일반적으로 다음과 같은 특징이 있다.

- $d=0$(0차 B-스플라인): 구간별 상수 함수(piecewise constant, 계단 함수). 매듭점이 $m+1$개 있을 때, 생성되는 기저 함수의 개수는 m개이다.
- $d=1$(1차 B-스플라인): 구간별 선형 함수(piecewise linear). 매듭점이 $m+1$

개일 때, 생성되는 기저 함수의 개수는 $m-1$개이다.

- $d=2$(2차 B-스플라인): 구간별 이차 함수(quadratic). 매듭점이 $m+1$개일 때, 생성되는 기저 함수의 개수는 $m-2$개이다.
- $d=3$(3차 B-스플라인): 구간별 삼차 함수(cubic, 가장 많이 사용됨). 매듭점이 $m+1$개일 때, 생성되는 기저 함수의 개수는 $m-3$개이다.

일반적으로 d차 B-스플라인의 기저 함수 개수는 매듭점 개수에서 차수 d를 뺀 $m-d$개가 된다. A practical guide to spline (Boor 1978) 등의 자료를 따르면 i번째 B-스플라인 기저 함수 $B_{i,d}(x)$는 다음과 같이 정의된다. 먼저, 0차(zeroth-degree) B-스플라인은 단순한 계단 함수 형태를 가지며, 주어진 구간 $[t_i, t_{i+1})$ 내에서만 1의 값을 가지고 그 외에는 0이다.

$$B_{i,0}(x) = \begin{cases} 1, & t_i \le x < t_{i+1} \\ 0, & otherwise \end{cases}$$

보다 높은 차수의 B-스플라인은 이전 차수의 B-스플라인을 이용해 다음과 같은 재귀적 관계로 정의된다.

$$B_{i,d}(x) = \frac{x - t_i}{t_{i+d} - t_i} B_{i,d-1}(x) + \frac{t_{i+d+1} - x}{t_{i+d+1} - t_{i+1}} B_{i+1,d-1}(x)$$

여기서 첫 번째 항은 $B_{i,d-1}(x)$에 대한 가중치로서 현재 점 x가 매듭점 t_i에서 t_{i+d} 사이에 얼마나 위치하는지를 나타내고, 두 번째 항은 $B_{i+1,d-1}(x)$에 대한 가중치로서 x가 매듭점 t_{i+1}에서 t_{i+d+1} 사이에 위치하는 정도를 나타낸다. 만약 분모가 0이 되는 경우(매듭점이 반복되는 경우 발생), 해당 항은 0으로 처리된다.

식이 주어졌으므로 이를 코드로 변환하는 과정을 먼저 수행해 보기 바란다. 식의 형태 그대로 코드로 변환하기 위해서는 재귀적(recursive) 프로그램에 대한 이해가 필요하다. 높은 차수의 기저 함수를 정의하는 과정에서 한 차수 아래의 기저 함수를 정의하는 함수를 호출하는 형태이다. 0차의 경우 초기 상태에 해당하므로 별도로 코딩할 필요가 있다. 만약 식을 코드로 변환하는 과정이 어렵게 느껴진다면 매 단계를 순차적으로 생각해 보면 좋다. 기저 함수 식에서 값을 계산하는데 필요한 `x`와 매듭점 시퀀스 `knots`, 차수 `degree`와 몇 번째 기저 함수인지를 나타내는 `i` 인자가 필요할 것이다. 우선 0차 B-스플라인이 정의되어야만 고차 B-스플라인을 정의할 수 있으므로 이 경우를 먼저 코딩하면 된다. 즉 `degree` 인자가 0인 경우, 구간에 해당하는 경우에만 1의 값을 가지게 정의하면 된다. $B_{i,d-1}(x)$과 $B_{i+1,d-1}(x)$를 계산하기 위해서 한 차수 낮은 B-스플라인을 생성하는 재귀 호출이 이루어져야 할 것이다. 그리고 두 항을 더하기 위한 가중치를 계산하는데 이때 분모가 0이 되는 경우를 따로 처리해 줘야 한다. 이러한 정의를 바탕으로 R에서 번째 B-스플라인 기저 함수를 재귀적으로 구현한 코드는 다음과 같다.

```
b_spline = function(x, knots, degree, i) {
  # 0차 B-스플라인 기저함수의 경우 (구간별 상수 함수)
  if (degree == 0) {
    return(ifelse(knots[i] <= x & x < knots[i + 1], 1, 0))
  }

  # 재귀적인 경우 (차수 d > 0)
  B_i_d1 = b_spline(x, knots, degree - 1, i)
  B_i1_d1 = b_spline(x, knots, degree - 1, i + 1)

  denom1 = knots[i + degree] - knots[i]
  denom2 = knots[i + degree + 1] - knots[i + 1]

  term1 = if (denom1 == 0) 0 else
    ((x - knots[i]) / denom1) * B_i_d1
  term2 = if (denom2 == 0) 0 else
    ((knots[i + degree + 1] - x) / denom2) * B_i1_d1

  return(term1 + term2)
}
```

5.4.2 설계 행렬 계산의 구현

실제로 스플라인 회귀 모형을 적합하기 위해서는 여러 개의 데이터 포인트에서 계산되는 설계 행렬을 구할 수 있어야 한다. 이를 위해 위에서 작성한 `b_spline` 함수를 반복적으로 적용해야 한다. R의 `apply` 계열 함수가 익숙하다면 사용할 수도 있지만 알기 쉽게 `for` 반복문을 사용해서 계산하는 함수를 작성한 코드는 다음과 같다.

```
create_design_matrix = function(x_values, knots, degree)
{
```

```
  n = length(x_values)  # 샘플의 갯수
  num_basis = length(knots) - degree - 1  # 기저 함수의 갯수
  design_matrix = matrix(0, nrow = n, ncol = num_basis)  # 설계 행렬 초기화

  for (j in 1:num_basis)
    for (i in 1:n)
      design_matrix[i, j] = b_spline(x_values[i], knots, degree, j)

  return(design_matrix)
}
```

지금까지 작성한 코드가 실제로 잘 작동하는지 확인하기 위해 임의의 데이터 포인트와 매듭점을 정한 후 기저 함수를 계산해서 시각화를 진행해 보려고 한다. 매듭점을 생성할 때 3차 스플라인의 경우 경계 매듭점이 4번 반복되어야 한다. 여기서는 시각화 과정에서 경계에서 생기는 불편한 점들을 방지하기 위해 작은 값을 빼고 더해 경계를 약간 확장하였다. 참고로 아래와 같은 코드는 사용자가 매듭점 배치 원리를 이해하고 있다는 전제 하에 작성되었다. 실용적인 목적으로 배포하는 과정에서는 경계에서 차수에 따라 자동으로 매듭점을 추가하는 코드 또한 함수로 작성해서 모듈화할 수 있다.

```
# 3차 B-스플라인
degree = 3
# 예시 매듭점 (경계 반복 포함)
tiny = 1e-5
knots = c(rep(0 - tiny, degree), 0, 1, 2, 3, 4, rep(4 + tiny, degree))
# 입력 변수 x 생성
x_values = seq(0, 4, length.out = 200)

# 설계 행렬 생성
design_matrix = create_design_matrix(x_values, knots, degree)

# B-스플라인 기저 함수 시각화
matplot(x_values, design_matrix, type = "l", lty = 1,
        col = rainbow(ncol(design_matrix)),
        xlab = "x", ylab = "B-spline value",
        main = "Cubic B-splines")
```

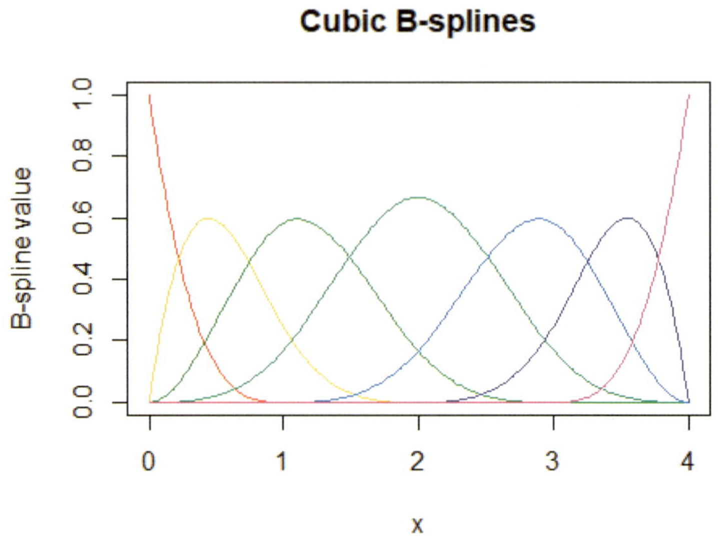

5.4.3 스플라인 함수 시각화 예제

기저 함수의 정의에 의해 스플라인 기저 함수를 선형 결합하면 모든 3차 스플라인 함수를 표현할 수 있다. 임의의 계수(coefficient)를 설정하여 3차 스플라인 함수를 시각화해 보고자 한다. 균등 분포(uniform distribution)로부터 기저 함수의 개수(설계 행렬의 열의 수)만큼 계수를 임의로 만들어서 그림을 그리고자 한다. 아래 코드에서 재현성을 위한 `set.seed(1)` 코드를 주석 처리하고 실행하면 다양한 3차 스플라인 함수를 그려볼 수 있다. 시각화를 위해서는 R에서 표준적으로 사용하는 `ggplot2` 패키지를 사용한다. 그림을 그리는 문법은 이 장의 주요 내용이 아니지만 `ggplot2`에 익숙하지 않다면, 시간을 들여서 공부할 가치가 있다. `ggplot2`를 포함하고 R에 데이터 처리 과정에 널리 사용되는 `tidyverse`의 활용을 주로 다루는 R for Data Science (Wickham, Cetinkaya-Rundel, and Grolemund 2023), 혹은 시각화 관련 내용을 `ggplot2` 패키지에 기초하여 설명한 (Healy 2018) 등 자료를 참고할 수 있다.

```
Library(ggplot2)
set.seed(1)
# 임의의 계수 (-2에서 2 사이)
coefficients = runif(ncol(design_matrix), -2, 2)
```

```
# 스플라인 함수 계산 (기저 함수와 계수의 선형 결합)
spline_values = design_matrix %*% coefficients

# 데이터 프레임으로 변환
spline_data = data.frame(x = x_values, y = spline_values)

# 3차 B-스플라인 함수 시각화
ggplot(spline_data, aes(x = x, y = y)) +
  geom_line(color = "blue", linewidth = 1.2) +
  labs(title = "Cubic B-spline Function", x = "x", y = "Spline Value") +
  theme_bw()
```

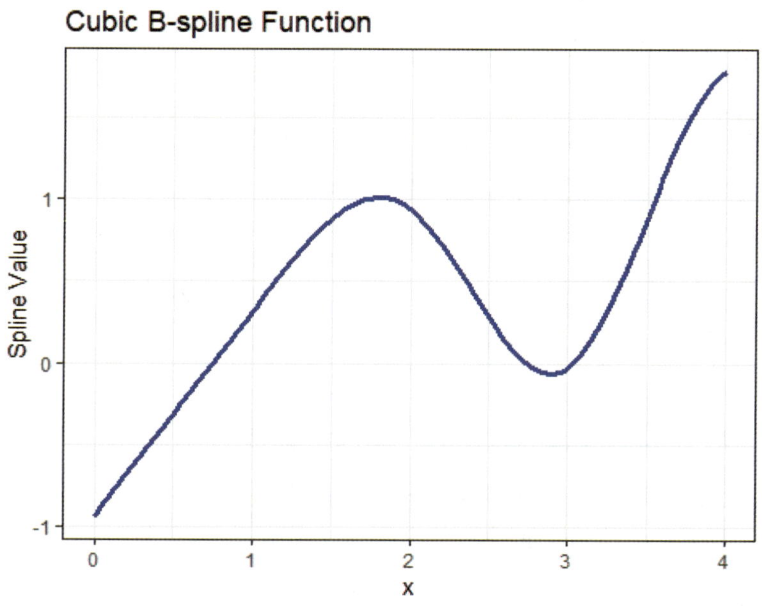

5.4.4 최소제곱 추정법을 이용한 스플라인 계수의 계산

위 예제에서는 임의의 계수를 통해 만들어지는 스플라인 함수를 시각화하였다. 하지만 실제로 회귀 분석을 수행하기 위해서는 주어진 데이터를 바탕으로 스플라인 함수의 계수를 정해 줄 필요가 있다. 설계 행렬 G를 계산하는 코드가 완성되었으므로 이후에 최소제곱 해를 구하는 과정은 쉽게 구현할 수 있다. 데이터가 $\{(x_i, y_i)\}_{i=1}^{n}$로 주어졌을 때, 예측 변수 값 x_i를 이용하여 설계 행렬 G를 계산한다. 이후 스플라인 계수는 최소제곱 문제의 해(solution)으로 아래 식과 같이 계산된다.

$$\hat{\beta} = \left(G^\top G\right)^{-1} G^\top y.$$

위 식을 코드로 구현하면 다음과 같다.

```
fit_spline = function(x_values, y_values, knots, degree)
{
  G = create_design_matrix(x_values, knots, degree)
  beta = solve(t(G) %*% G) %*% t(G) %*% y_values
  return(list(beta = beta, knots = knots, degree = degree))
}
```

5.4.5 예측 함수의 구현

회귀 모형을 적합한 이후에는 새로운 x 데이터가 들어왔을 때 값을 예측하기 위한 (혹은 $f(x)$ 값을 추정하기 위한) 예측 함수가 필요하다. 예측 함수를 구현하는데 중요한 부분은 우리가 계산하는 예측 값

$$\hat{f}(x) = \sum_{j=1}^{J} \hat{\beta}_j B_{j,d}(x)$$

에서 $\hat{\beta} = \left(\hat{\beta}_1, \ldots, \hat{\beta}_J\right)$는 **fit_spline()** 함수의 결과로 계산되지만, 기저 함수에 해당하는 부분은 새로운 x 값에 대해 다시 계산되어야 한다는 점이다. 이를 반영하여 예측 함수를 작성하면 다음과 같다.

```
predict_spline = function(model, new_x)
{
  G_new = create_design_matrix(new_x, model$knots, model$degree)
  y_pred = G_new %*% model$beta
  return(y_pred)
}
```

5.4.6 적합 결과의 시각화

스플라인 회귀 모형을 적합한 결과를 시각화하기 위한 함수를 작성할 수 있다. 원래 주어진 관측치들은 산점도(scatter plot)에서 점으로 표시할 수 있다. 스플라인 함수를 그리기 위해 정의역(domain)에서 그리드(grid)를 생성한 후 이 값들에 대한 스플라인 예측 값을 계산하여 선으로 연결하는 방식으로 부드러운 함수를 표현할 수 있다. R로 구현하면 다음과 같다.

```
plot_spline = function(x_values, y_values, model, grid_x)
{
  y_pred = predict_spline(model, grid_x)
  data_plot = data.frame(x = x_values, y = y_values)
  spline_plot = data.frame(x = grid_x, y = y_pred)

  ggplot() +
    geom_point(data = data_plot, aes(x, y), color = "black") +
    geom_line(data = spline_plot, aes(x, y), color = "blue", linewidth = 1) +
    labs(title = "Fitted B-spline Regression", x = "x", y = "y") +
    xlim(c(min(x_values), max(x_values))) +
    theme_minimal()
}
```

5.4.7 스플라인 회귀 적합 예제

지금까지 구현한 코드를 바탕으로 간단한 회귀 모형을 적합하는 시뮬레이션 코드를 작성할 수 있다. 추정 대상이 되는 회귀 함수는

$$f(x) = \sin(2\pi x) + \cos(4\pi x)$$

이고, 예측 변수는 $[0,1]$ 구간에서 균등 분포에서 생성하고, 반응 변수는 회귀 함수를 예측 변수에서 계산한 값에 정규 분포(normal distribution)에서 생성된 오차(error)를 더해서 계산한다. 적절한 매듭점을 정해준 이후 위에서 작성해 놓은 함수를 순차적으로 실행하면 적합 결과를 확인할 수 있다.

```
set.seed(123)
n = 30
x_values = sort(runif(n, 0, 1))
y_values = sin(2 * pi * x_values) + cos(4 * pi * x_values) +
  rnorm(n, sd = 0.2)

degree = 3
num_knots = 5
tiny = 1e-5
knots = c(rep(0 - tiny, degree), seq(0, 1, length.out = num_knots),
          rep(1 + tiny, degree))

model = fit_spline(x_values, y_values, knots, degree)

grid_x = seq(min(x_values), max(x_values), length.out = 100)
plot_spline(x_values, y_values, model, grid_x)
```

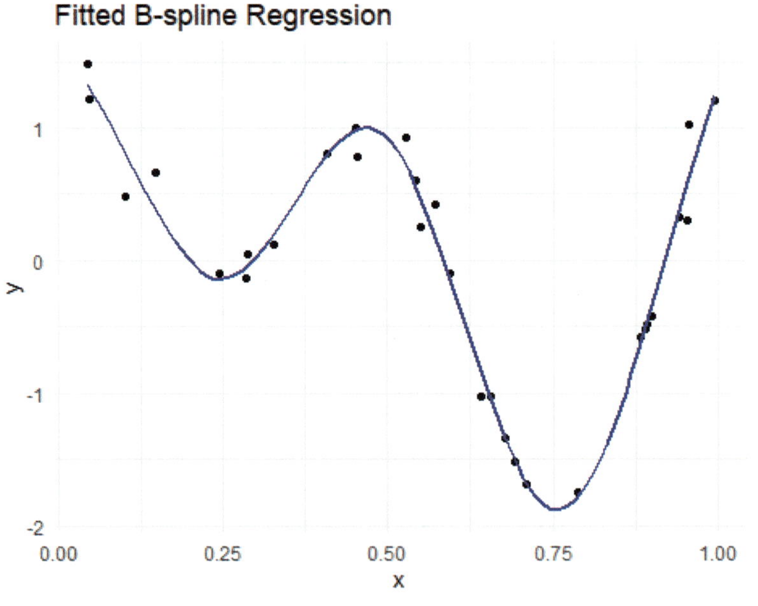

5.5 모듈화된 코드의 관리와 실행

모듈화된 코드를 이용하면 문제가 발생하거나 업데이트가 필요한 함수만 수정하거나 부분적인 디버깅과 최적화가 가능하여 코드의 관리가 수월해진다. 또한 가독성이 높아지고 큰 프로그램을 분할하여 코드를 작성하므로 코드 작성이 수월해진다. 특히 통계학, 수학, 머신러닝 등 분야에서 코드를 작성하는 경우 수식의 논리 구조를 따라갈 수 있어 프로그래밍 과정이 매끄럽게 관리될 수 있다.

이렇게 여러 함수로 나누어진 코드를 관리하고 실행하기 위해서 크게 두 가지 방법을 생각할 수 있다. 첫 번째 방법은 하나의 스크립트 파일에 모든 코드를 저장하는 것이다. 코드가 많이 길지 않다면 이 방법이 간단한 솔루션을 제공한다. R에서는 함수를 코드 위에서 선언하는 부분을 작성할 필요가 없지만 주석으로 어떤 함수들이 있는지 작성해두면 향후에 코드를 활용하거나 수정하는 작업이 더 수월해진다. 예를 들어

```
# B-스플라인 기저 함수 값을 계산하는 함수
# b_spline(x, knots, degree, i)
# - x: 입력 데이터 (스칼라 값)
# - knots: B-스플라인 매듭점 (벡터)
# - degree: B-스플라인의 차수 (정수)
# - i: 해당 기저 함수의 인덱스 (정수)
# - 반환값: 해당 x에서의 B-스플라인 기저 함수 값 (스칼라 값)

# 데이터를 기반으로 설계 행렬을 생성하는 함수
# create_design_matrix(x_values, knots, degree)
# - x_values: 입력 데이터 (벡터)
# - knots: B-스플라인 매듭점 (벡터)
# - degree: B-스플라인의 차수 (정수)
# - 반환값: B-스플라인 기저 함수로 구성된 설계 행렬 (행렬)

# 최소제곱 추정법을 적용하여 회귀 계수를 계산하는 함수
# fit_spline(x_values, y_values, knots, degree)
# - x_values: 입력 데이터 (벡터)
# - y_values: 목표 값 (벡터)
# - knots: B-스플라인 매듭점 (벡터)
# - degree: B-스플라인의 차수 (정수)
# - 반환값: 회귀 계수 및 모델 정보 (리스트)

# 새로운 데이터에 대한 예측을 수행하는 함수
# predict_spline(model, new_x)
# - model: fit_spline()으로 학습된 스플라인 모델 (리스트)
# - new_x: 예측을 수행할 x 값 (벡터)
```

```
# - 반환값: 예측된 y 값 (벡터)

# 원래 데이터와 적합된 스플라인 회귀 곡선을 시각화하는 함수
# plot_spline(x_values, y_values, model, grid_x)
# - x_values: 원본 데이터 (벡터)
# - y_values: 원본 데이터의 목표 값 (벡터)
# - model: fit_spline()으로 학습된 스플라인 모델 (리스트)
# - grid_x: 예측할 x 값의 범위 (벡터)
# - 반환값: ggplot을 이용한 스플라인 회귀곡선 시각화 (플랏)
```

형식으로 주석을 작성한 이후에 5개의 함수를 순차적으로 붙여넣어 하나의 파일로 저장한 후에(예를 들어 `regression_spline.R`), `source("regression_spline.R")`을 실행해서 사용할 수 있다.

두 번째 방법은 함수들을 몇 가지 방식으로 묶어서 따로따로 스크립트 파일에 저장하는 것이다. 지금 예제에서는 다소 과해 보이지만 각각의 함수를 따로따로 `b_spline.R`, …, `predict_spline.R` 과 같이 5개의 파일로 저장할 수 있다. 이 경우 시뮬레이션 혹은 데이터 분석을 수행하기 위한 코드를 작성할 때 아래와 같이 모든 스크립트를 `source()` 한 이후 코드를 작성하여야 한다.

```
source("b_spline.R")
source("create_design_matrix.R")
source("fit_spline.R")
source("predict_spline.R")
source("plot_spline.R")
```

위 두 가지 방식은 코드의 길이와 목적 협업 여부 등 필요에 따라 선택할 수 있다. 중요한 점은 본인 및 다른 사용자가 쉽게 접근할 수 있는 방법으로 작성되어야 한다는 점이다. 어떤 형태로 코드를 작성하고 저장하는지와 상관없이 가장 추천하는 방법은 관련된 코드를 묶어서 패키지(package)로 관리하는 것이다. 패키지의 구조는 R 프로젝트를 생성하는 과정에서 쉽게 생성할 수 있다. 이 경우 필요한 모든 코드를 자동으로 `source()`할 수 있으며 매뉴얼(manual)을 체계적으로 관리할 수 있어 불필요한 주석을 없앨 수 있고, 다른 사용자가 쉽게 코드를 이용하고 이해할 수 있도록 돕는다. 이와 관련된 내용은 9장에서 자세히 살펴볼 예정이다.

6장

R의 객체지향 프로그래밍

6.1 R의 객체지향 프로그래밍 기초

여러 번 언급했지만 R 커뮤니티는 기본적으로 컴퓨터 과학을 전공한 개발자 커뮤니티라고 보기 어렵다. 컴퓨터를 이용하여 사용자가 각자 자기 문제를 해결하는 데 집중하는 경우가 대부분이고 구조와 설계에 대한 논의는 상대적으로 덜 활발하다. 하지만 경우에 따라서 R의 구조와 작동 원리에 대한 약간의 지식이 필요하거나 필수적일 수 있다. 이번 장에서는 R에서의 객체지향 프로그래밍(Object-Oriented Programming; OOP)에 대해서 간단하게 살펴보려고 한다. 이번 장은 몇 가지 간단한 원리에 대해서만 짧게 리뷰하는 형식으로 구성되어 있어, 객체지향 프로그래밍에 대한 사전 지식이 없더라도 이 장을 이해하는 데 지장이 없으며, 단지 R의 특정 함수들의 동작 원리에 대해 살펴본다고 이해해도 좋다. 보다 상세한 설명과 다른 시스템에 대한 이해를 위해서는 인터넷에 공개되어 있는 Advanced R (Wickham 2019) 책을 참고하면 된다.

객체지향 프로그래밍은 데이터를 객체(object)[15]로 구성하고, 이 객체들이 상호 작용하며 프로그램을 구성하는 방식의 프로그래밍 패러다임이다. 객체는 상태(state)와 행동(behavior)을 가지며, 상태는 속성(변수)으로, 행동은 메서드(함수)로 정의된다. 이를 통해 코드의 재사용성을 높이고, 유지보수를 용이하게 하며, 복잡한 시스템

15) R에서는 존재하는 모든 데이터를 객체라고 부르는 경우가 많다. 이를 구분하기 위해 이 장에서는 OOP 관점에서 객체라는 용어와 R에 존재하는 데이터인 오브젝트 용어를 구분해서 사용한다. 영어로는 모두 오브젝트(object)이다.

을 보다 직관적으로 설계할 수 있다. OOP는 Python, Java, C++ 등 다양한 언어에서 널리 사용되며, 특히 대규모 소프트웨어 개발에서 강력한 구조적 이점을 제공한다.

OOP에 대해서 공부해 보거나 Java 등의 언어를 자주 사용하는 학습자라면 R 또한 비슷한 구조의 프로그램 설계가 가능한지 의문을 가질 수 있다. 기본적으로 R도 OOP를 지원하며 초급 사용자들도 의식하지 못하는 사이에 이 구조를 활용하고(이에 대해서는 뒤에서 예제를 살펴볼 것이다) 있다. 하지만 R에서는 통합된 OOP 시스템을 제공하지 않으며 사용자들이 필요에 따라서 **S3**, **S4**, **R5**, **R6** 등 다양한 시스템을 선택적으로 사용한다. R 설치 시 기본적으로 제공되는 R base와 The Comprehensive R Archive Network(CRAN)에서 제공하는 상당수의 OOP 기반 패키지들이 S3 시스템에 기초하고 있다. 따라서 이 장에서는 S3 시스템에 대해서만 살펴볼 예정이다.

R에서 S3 시스템에 기초하여 OOP를 이해할 때 특징적인 부분 중 하나는 특유의 허술함이다. 속성(attribute)과 클래스(class)를 마음대로 정의하고 추가할 수 있으며, 캡슐화된 OOP에 기초하지 않기 때문에 객체의 데이터에 접근하는 메서드 함수가 객체에 속하지 않고 제너릭(generic) 함수라고 부르는 R 함수에 속하게 된다. 이러한 방식은 R 사용자들이 R 환경에 존재하는 여러 오브젝트를 이용하여 쉽게 데이터를 처리하고, 결과를 출력하고, 그림을 생성하게 돕는다. 따라서 이 장의 거창한 제목과 다르게, 우리는 제너릭 함수가 작동하는 기본 원리를 중심으로 내용을 학습하려고 한다.

6.2 클래스와 속성

S3 시스템에서는 포멀한 클래스의 정의 대신 클래스 속성을 부여하여 얼마든지 새로운 클래스를 정의하고 사용할 수 있다. 예를 들어 아래와 같이 수치형 벡터를 만들고 `new_class`라는 클래스를 "부여"할 수 있다.

```
num_vec = 1:5
class(num_vec) = "new_class"
print(num_vec)
[1] 1 2 3 4 5
```

```
attr(,"class")
[1] "new_class"
class(num_vec)
[1] "new_class"
```

참고로 아래와 같이 **structure()** 함수를 이용해서 오브젝트의 생성과 동시에 클래스 속성을 부여할 수도 있다.

```
num_vec2 = structure(1:5, class = "new_class")
print(num_vec2)
[1] 1 2 3 4 5
attr(,"class")
[1] "new_class"
```

이 책의 독자로 상정한 사용자들이 직접 클래스를 정의하고 사용할 일은 많지 않을 것이다. 하지만 R에서 사용하는 여러 오브젝트가 클래스를 가지고 있다는 점을 이해하는 것은 R의 작동 원리 이해에 도움이 된다. R에서 가장 많이 사용하는 자료형 중 하나인 데이터 프레임을 살펴보려고 한다. 다음과 같이 데이터 프레임의 클래스가 **data.frame**이라는 것을 확인할 수 있다.

```
df = data.frame(a = 1:4, b = 5:8)
class(df)
[1] "data.frame"
```

이렇게 생성한 **df**라는 오브젝트가 어떤 속성을 가지는지 확인하기 위해서 **attributes()** 함수를 사용할 수 있다.

```
attributes(df)
$names
[1] "a" "b"

$class
[1] "data.frame"
```

```
$row.names
[1] 1 2 3 4
```

결과를 확인해 보면 클래스 속성 외에도 다른 속성들을 확인할 수 있다. R에서는 흔히 사용하는 오브젝트의 속성에 접근할 수 있도록 도와주는 헬퍼(helper) 함수를 제공한다. 프로그래밍 및 데이터 분석 과정에서 많이 사용하는 `names()`, `dim()`, `row.names()` 등 함수와 `class()` 함수도 헬퍼 함수로 이해할 수 있다. 예를 들어

```
names(df)
[1] "a" "b"
```

와 같은 형태로 `df` 오브젝트의 `names` 속성에 접근할 수 있다.

앞서 이야기한 것처럼 S3 시스템은 포멀한 클래스의 개념이 없기 때문에 같은 클래스 속성을 가지는 오브젝트가 같은 구조를 가지기 위해서는 별도의 생성자(constructor)가 필요할 것이다. OOP에서 생성자는 특정 객체를 생성하고 초기화하는 역할을 하는 함수이다. R에서는 우리가 잘 알고 있는 것처럼 `data.frame()` 함수가 `data.frame` 객체를 생성하는 생성자의 역할을 하는 것이다. 이를 통해 R은 `data.frame` 객체들이 일관된 구조를 가지도록 해 주며, 이를 대상으로 하는 함수들이 잘 작동할 수 있도록 도와준다. R에서는 `data.frame, list` 등 객체를 생성하는 생성자 함수의 이름과 클래스의 이름이 대부분 동일하다.

6.3 제너릭 함수

이번 장에서는 R 버전의 OOP를 살펴보며 특정 함수들의 동작 원리에 주목한다고 했다. 이 특정한 함수들을 제너릭 함수라고 부른다. 사실 제너릭 함수는 특별한 별도의 함수가 아니라 우리가 일상적으로 사용하는 `print()`, `plot()`, `summary()` 등의 함수이다. 이러한 제너릭 함수의 특징은 오브젝트의 클래스에 따라서 자동으로 적절한 메서드 함수를 호출한다는 점이다. 또한 사용자가 특정한 클래스에 대해서 새로운 메서드를 정의하는 것도 가능하다. R에서는 S3, S4 시스템을 통해 제너릭 함수를 쉽게 구현할 수 있다.

이 내용을 명확하게 이해하기 위해서 `print()` 함수를 생각해볼 수 있다. 우리는 `print()` 함수를 사용해 문자열, 숫자 벡터, 행렬, 데이터 프레임, 모형의 적합 결과 등 다양한 결과들을 콘솔(console) 창에 출력한다. 사용자의 입장에서는 오브젝트의 클래스를 직접 이용하지 않으므로 느끼기 어렵지만, R의 입장에서는 다양한 형태의 자료를 하나의 함수를 이용하여 출력하고 있는 것이다. 이 동작 원리를 이해하기 위해서 다음의 코드를 실행해볼 수 있다.

```
print
function (x, ...)
UseMethod("print")
<bytecode: 0x000001780bd72620>
<environment: namespace:base>
```

R에서 함수의 이름을 입력하면 함수의 정의를 출력해준다. `print()` 함수는 `UseMethod()`라는 함수를 호출하는 것을 알 수 있다. 이 함수는 `print()` 함수에 입력된 인자의 클래스를 확인하는 역할을 한다. `?UseMethod`를 입력하면 R base 패키지에 정의되어 있는 이 함수의 기능을 자세히 살펴볼 수 있다. 예를 들어 앞 섹션에서 생성한 `data.frame` 객체인 `df`를 `print(df)` 형식으로 인자로 입력하면 `UseMethod()` 함수가 클래스를 확인하여 이에 맞는 메서드 함수에 입력받은 인자를 넘겨주게 된다.

기존에 Python이나 Java와 같은 객체지향 언어를 사용하였다면 캡슐화된 OOP 스타일에 익숙할 것이고, 객체 내부에 메서드 함수가 포함되어 있어 `df.print()`와 같은 방식으로 데이터 프레임을 출력하는 것을 기대할 수 있다. 하지만 R의 S3 시스템은 메서드 함수가 객체 내부에 포함되는 것이 아니라 제너릭 함수 쪽에 포함된다고 개념적으로 이해할 수 있다. 이렇게 클래스에 따라 다르게 동작하는 메서드 함수는 `methods()` 함수를 제너릭 함수에 적용해서 확인해볼 수 있다.

```
methods(print)[1:20]
 [1] "print.acf"                          "print.activeConcordance"
 [3] "print.AES"                          "print.anova"
 [5] "print.aov"                          "print.aovlist"
 [7] "print.ar"                           "print.Arima"
 [9] "print.arima0"                       "print.AsIs"
```

```
[11] "print.aspell"                          "print.aspell_inspect_context"
[13] "print.bibentry"                        "print.Bibtex"
[15] "print.browseVignettes"                 "print.by"
[17] "print.changedFiles"                    "print.check_bogus_return"
[19] "print.check_code_usage_in_package" "print.check_compiled_code"
```

처음 20개의 메서드 함수만 출력을 했지만 모두 출력해 보면 200여 개의 메서드 함수가 정의되어 있는 것을 확인할 수 있다. 메서드 함수의 이름은 제너릭 함수의 이름과 클래스의 이름이 .으로 구분된 형태로 작성되어 있다.

`data.frame` 예제로 돌아가서 `print(df)` 함수가 호출되면 `UseMethod()` 함수가 호출된 이후 `data.frame` 클래스를 확인해서 `print.data.frame(df)` 함수가 실행되는 것으로 이해할 수 있다. 아래와 같이 `print.data.frame()` 함수를 명시적으로 호출하여 결과를 비교해 볼 수 있다.

```
print.data.frame(df)
  a b
1 1 5
2 2 6
3 3 7
4 4 8
```

이 함수의 구조는 다음과 같이 확인할 수 있다.

```
print.data.frame
function (x, ..., digits = NULL, quote = FALSE, right = TRUE,
    row.names = TRUE, max = NULL)
{
    n <- length(row.names(x))
    if (length(x) == 0L) {
        cat(sprintf(ngettext(n, "data frame with 0 columns and %d row",
            "data frame with 0 columns and %d rows"), n), "\n",
            sep = "")
    }
    else if (n == 0L) {
        print.default(names(x), quote = FALSE)
        cat(gettext("<0 rows> (or 0-length row.names)\n"))
    }
```

```
    else {
        if (is.null(max))
            max <- getOption("max.print", 99999L)
        if (!is.finite(max))
            stop("invalid 'max' / getOption(\"max.print\"): ",
                max)
        omit <- (n0 <- max%/%length(x)) < n
        m <- as.matrix(format.data.frame(if (omit)
            x[seq_len(n0), , drop = FALSE]
        else x, digits = digits, na.encode = FALSE))
        if (!isTRUE(row.names))
            dimnames(m)[[1L]] <- if (isFALSE(row.names))
                rep.int("", if (omit)
                  n0
                else n)
            else row.names
        print(m, ..., quote = quote, right = right, max = max)
        if (omit)
            cat(" [ reached 'max' / getOption(\"max.print\") -- omitted",
                n - n0, "rows ]\n")
    }
    invisible(x)
}
<bytecode: 0x000001780cc09ce8>
<environment: namespace:base>
```

다른 예로 **plot()** 함수를 살펴보려고 한다. 예를 들어

```
x = 1:5
class(x)
plot(x)
```

와 같이 수치형 벡터에 대해서도 **plot.default()** 메서드가 호출되어 그림이 출력되며, 다음과 같이

```
lm_fit = lm(log(mpg) ~ log(disp), data = mtcars)
class(lm_fit)
plot(lm_fit)
```

선형 회귀 모형을 적합한 **lm** 객체에 대해서도 **plot.lm()** 메서드를 통해 회귀 진단(diagnostic) 그림이 그려지게 된다. 코드를 실행해 보면 **ineger** 객체인 **x** 벡터에 대해서는 인덱스 그림이 생성되고, **lm** 객체에 대해서는 네 개의 진단 그림이 생성되는 것을 확인할 수 있다.

6.4 제너릭 함수와 메서드의 구현

실제로 유용하진 않지만 간단한 예제를 통해 S3 시스템에서 제너릭 함수와 클래스, 메서드를 구현해 볼 수 있다. 제너릭 함수를 구현하기 위해서는 아래와 같이 **UseMethod()** 함수를 호출하도록 작성하면 된다.

```
my_function = function(x) UseMethod("my_function")
```

제너릭 함수가 객체의 클래스에 따라 다르게 작동하길 원하기 때문에, 기본적으로 사용하는 **my_function.default()** 메서드와 특정한 클래스(여기서는 **person_info**라는 클래스)에서 작동하는 **my_function.person_info()** 메서드를 아래와 같이 작성할 수 있다.

```
my_function.default = function(x)
{
  cat("일반 객체입니다:", x, "\n")
}

my_function.person_info = function(x)
{
  cat("이름:", x$name, "나이:", x$age, "\n")
}
```

이제 객체를 생성하고 제너릭 함수 **my_function()**을 호출하기 위해 **person_info** 객체 **p**를 생성한다.

```
p = list(name = "Kwan-Young Bak", age = 35)
class(p) = "person_info"
```

42라는 numeric 객체와 벡터와 p라는 person_info 객체에 my_function()을 적용한 결과는 다음과 같다.

```
my_function(42)
일반 객체입니다: 42
my_function(p)
이름: Kwan-Young Bak 나이: 35
```

수치형 벡터 값에 대해서는 기본(default) 메서드 my_function.default()가 실행되고 p 객체에서는 클래스에 맞는 메서드 my_function.person_info()가 실행된 것을 확인할 수 있다.

6.5 예제: 스플라인 기저 함수 플랏 메서드

앞의 예제보다 조금은 더 의미 있는 구현을 해보기 위해서 5장에서 구현한 스플라인 기저 함수의 시각화를 위한 메서드를 구현해 보려고 한다. B-스플라인 함수는 아래와 같은 방식으로 계산할 수 있으며 create_design_matrix() 함수를 통해 여러 포인트에서 여러 개의 기저 함수 값을 구해 설계 행렬(design matrix)을 생성할 수 있었다.

```
b_spline = function(x, knots, degree, i) {
  if (degree == 0) {
    return(ifelse(knots[i] <= x & x < knots[i + 1], 1, 0))
  }

  B_i_d1 = b_spline(x, knots, degree - 1, i)
  B_i1_d1 = b_spline(x, knots, degree - 1, i + 1)

  denom1 = knots[i + degree] - knots[i]
  denom2 = knots[i + degree + 1] - knots[i + 1]

  term1 = if (denom1 == 0) 0 else
    ((x - knots[i]) / denom1) * B_i_d1
```

```
  term2 = if (denom2 == 0) 0 else
    ((knots[i + degree + 1] - x) / denom2) * B_i1_d1

  return(term1 + term2)
}

create_design_matrix = function(x_values, knots, degree)
{
  n = length(x_values)  # 데이터 포인트 갯수
  num_basis = length(knots) - degree - 1  # 기저 함수 갯수
  design_matrix = matrix(0, nrow = n, ncol = num_basis)  # 설계 행렬 초기화

  for (j in 1:num_basis)
    for (i in 1:n)
      design_matrix[i, j] = b_spline(x_values[i], knots, degree, j)

  return(design_matrix)
}
```

이때 **create_design_matrix()**의 결과에 **basis**라는 클래스를 부여하고 필요한 값들을 저장하며 **plot()** 함수를 통해 **matplot()**을 이용한 시각화를 진행할 수 있도록 메서드 함수를 작성할 수 있다. 우선 클래스와 속성을 부여하기 위해 **create_design_matrix()**를 다음과 같이 수정할 수 있다.

```
create_design_matrix = function(x_values, knots, degree) {
  n = length(x_values)  # 데이터 포인트 갯수
  num_basis = length(knots) - degree - 1  # 기저 함수 갯수
  design_matrix = matrix(0, nrow = n, ncol = num_basis)   # 설계 행렬 초기화

  for (j in 1:num_basis)
    for (i in 1:n)
      design_matrix[i, j] = b_spline(x_values[i], knots, degree, j)

  attr(design_matrix, "x_values") = x_values  # 벡터 x 값 저장
  attr(design_matrix, "knots") = knots  # 매듭점 시퀀스 저장
  attr(design_matrix, "degree") = degree  # 스플라인 차수 저장
  class(design_matrix) = "basis"  # "basis" 클래스 속성 부여
```

```
  return(design_matrix)
}
```

새롭게 추가된 부분과 주석을 통해 추가된 속성과 클래스 정보를 확인할 수 있다.

이제 제너릭 함수 **plot()**과 함께 작동할 수 있도록 메서드 함수를 아래와 같이 작성할 수 있다.

```
plot.basis = function(basis_obj, ...) {
  x_values = attr(basis_obj, "x_values")

  if (is.null(x_values))
    stop("x_values attribute is missing in the basis object.")

  matplot(x_values, basis_obj, type = "l", lty = 1,
          col = rainbow(ncol(basis_obj)),
          xlab = "x", ylab = "B-spline value", ...)
}
```

여기서 **...**은 가변 인자(ellipsis)로 추가적인 인자를 함수가 받을 수 있게 해 주는데, 이를 통해 **plot()**을 호출할 때 추가적인 그래픽 인자(예: **col**, **lwd**, **main** 등)를 전달할 수 있고, 기존의 **plot()** 함수와 일관된 인터페이스를 유지할 수 있다. **...**를 빼고 구현해도 이 장의 내용 이해에는 지장이 없다.

5장에서와 마찬가지로 설계 행렬을 생성하고 시각화를 수행할 수 있는데 이때 **attributes()**나 **class()** 함수를 통해 속성과 클래스를 확인할 수 있고, 제너릭 함수인 **plot()**을 호출해서 시각화할 수 있다.

```
degree = 3
tiny = 1e-5
knots = c(rep(0 - tiny, degree), 0, 1, 2, 3, 4, rep(4 + tiny, degree))
x_values = seq(0, 4, length.out = 200)

# basis 오브젝트 생성
basis_obj = create_design_matrix(x_values, knots, degree)
attributes(basis_obj)$knots
 [1] -0.00001 -0.00001 -0.00001  0.00000  1.00000  2.00000  3.00000  4.00000
```

```
 [9]  4.00001  4.00001  4.00001
class(basis_obj)
[1] "basis"
# S3 메서드를 이용한 시각화
plot(basis_obj)
```

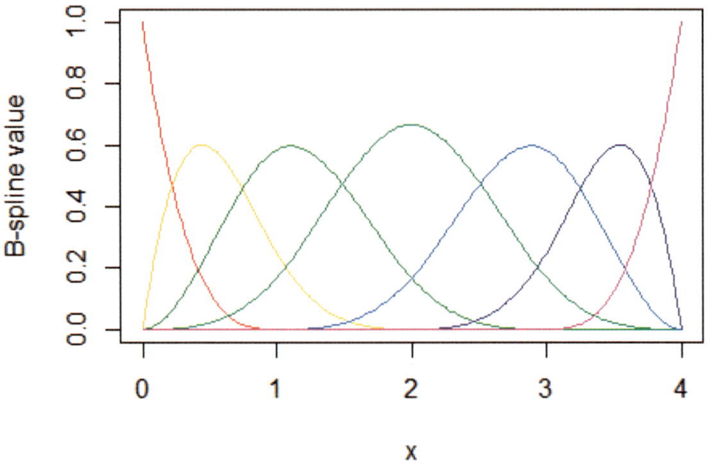

간단한 예제들을 살펴보았지만 이 내용에 기초하여 필요에 따라서 스플라인 회귀 모형 적합 혹은 다른 방법론을 S3 시스템에 기초하여 구현하고 `plot()`, `print()`, `predict()` 등 R 함수와 같이 사용하여 사용자의 경험을 향상시킬 수 있을 것이다.

III부

유용한 프로그래밍 도구

7장

R 디버깅 가이드

7.1 예제 함수

아래 코드는 로지스틱 회귀 모형을 위한 IRLS(Iteratively Reweighted Least Squares) 알고리즘을 간단하게 구현한 코드이다.

```
logistic = function(a)
{
   return(1 / (1 + exp(-a)))
}

wls = function(X, y, W = NULL)
{
   if (is.null(W))
      W = diag(1, length(y))

   return(solve(t(X) %*% W %*% X, t(X) %*% W %*% y))
}

glm_irls = function(X, y, max_iter = 1000, epsilon = 1e-8)
{
   p = ncol(X)
   beta_hat = beta_hat_old = rep(1, p)
```

```
  diff = 1
  iter = 1

  while((diff > epsilon) & (iter < max_iter))
  {
    iter = iter + 1
    beta_hat_old = beta_hat

    y_hat = logistic(X %*% beta_hat)
    y_hat_prod = y_hat * (1 - y_hat)
    W = diag(as.vector(y_hat_prod))
    z = (y - y_hat) / y_hat_prod

    beta_hat = beta_hat + wls(X, z, W)
    diff = sum((beta_hat - beta_hat_old)^2)
  }
  return(beta_hat)
}
```

아래 코드는 이진(binary) 분류에 사용할 데이터를 생성하고 `glm_irls` 함수를 사용해서 로지스틱 회귀 모형을 적합하는 코드로, 결과를 보면 계수 `(1, 3, -2)`에 대한 추정이 어느 정도 잘 이루어진 것을 확인할 수 있다.

```
set.seed(923)
n = 1000
x1 = runif(n)
x2 = runif(n)
X = matrix(c(rep(1, n), x1, x2), nrow = n)
beta = c(1, 3, -2)
y = rbinom(n, size = 1, prob = logistic(X %*% beta))

beta_est = glm_irls(X, y)
as.vector(beta_est)
[1]  1.075482  2.976426 -2.056812
```

참고로 같은 결과를 R의 `stats` 라이브러리에서 기본으로 제공하는 `glm()` 함수를 사용하여 적합한 결과는 다음과 같이 동일한 것을 확인할 수 있다.

```
glm(y ~ x1 + x2, family = binomial())$coefficients
(Intercept)          x1          x2
   1.075482    2.976426   -2.056812
```

7.2 traceback()을 사용한 디버깅

코드의 작성 과정에서 실수를 해 에러가 발생하는 경우를 가정하자. **wls()** 함수에서 가중치 행렬을 사용할 때 **W**와 **Wt**가 혼재하는 경우를 고려하기 위해 아래 코드를 실행해 볼 수 있다.

```
wls = function(X, y, W = NULL)
{
   if (is.null(W))
      W = diag(1, length(y))

   return(solve(t(X) %*% Wt %*% X, t(X) %*% Wt %*% y))
}
glm_irls = function(X, y, max_iter = 1000, epsilon = 1e-8)
{
   p = ncol(X)
   beta_hat = beta_hat_old = rep(1, p)

   diff = 1
   iter = 1

   while((diff > epsilon) & (iter < max_iter))
   {
      iter = iter + 1
      beta_hat_old = beta_hat

      y_hat = logistic(X %*% beta_hat)
      y_hat_prod = y_hat * (1 - y_hat)
      W = diag(as.vector(y_hat_prod))
      z = (y - y_hat) / y_hat_prod
```

```
    beta_hat = beta_hat + wls(X, z, W)
    diff = sum((beta_hat - beta_hat_old)^2)
  }
  return(beta_hat)
}
beta_est = glm_irls(X, y)
Error in wls(X, z, W): object 'Wt' not found
```

traceback()은 에러가 발생한 후 호출 스택을 확인하여 어디에서 문제가 발생했는지 추적하는 데 유용하다. 이는 특히 함수가 중첩 호출되는 경우 유용하다. traceback()을 사용하면 에러 발생 직후 호출 스택을 확인할 수 있다.

```
traceback()
```

이렇게 하면 아래와 같이 에러가 발생한 함수와 위치를 확인할 수 있다.

```
3: solve(t(X) %*% Wt %*% X, t(X) %*% Wt %*% y) at #6
2: wls(X, z, W) at #19
1: glm_irls(X, y)
```

이를 통해 solve() 함수 인자에 런타임 환경(runtime environment)에 존재하지 않는 Wt 변수를 사용하려고 했음을 쉽게 짐작할 수 있다.

7.3 browser()를 사용한 디버깅

browser()는 코드 실행을 특정 위치에서 멈추고 환경을 탐색할 수 있도록 해준다. 이를 통해 실행 중인 변수 값과 흐름을 런타임 환경에서 확인할 수 있다. browser()를 사용하기 위해서는 함수 내부에 접근하려는 부분에 browser()를 입력하고 코드를 실행하면 된다. browser()와 다음 섹션에서 설명할 debug(), debugonce()를 사용하는 디버깅 방법의 장점은 런타임 환경에서 코드를 한 줄씩 실행해 볼 수 있으므로, R에서 에러나 경고 메세지를 출력하지 않는 경우에도 결과를 쉽게 확인하고 코드를 수정할 수 있다. 다음은 **browser()**를 삽입하여 디버깅 모드로 진입하는 예제이다.

```
wls = function(X, y, W = NULL)
{
  if (is.null(W))
    W = diag(1, length(y))

  return(solve(t(X) %*% W %*% X, t(X) %*% W %*% y))
}

glm_irls = function(X, y, max_iter = 1000, epsilon = 1e-8)
{
  p = ncol(X)
  beta_hat = beta_hat_old = rep(1, p)

  browser() # 디버깅 모드 진입

  diff = 1
  iter = 1

  while((diff > epsilon) & (iter < max_iter))
  {
    iter = iter + 1
    beta_hat_old = beta_hat

    y_hat = logistic(X %*% beta_hat)
    y_hat_prod = y_hat * (1 - y_hat)
    W = diag(as.vector(y_hat_prod))
    z = (y - y_hat) / y_hat_prod

    beta_hat = beta_hat + wls(X, z, W)
    diff = sum((beta_hat - beta_hat_old)^2)
  }
  return(beta_hat)
}

glm_irls(X, y, max_iter = 2)
```

browser()를 주석 처리하고 위 코드를 실행해 보면 계수를 제대로 추정하지 못하는 것을 확인할 수 있다. 이는 **max_iter** 값이 너무 작게 설정되어 알고리즘이

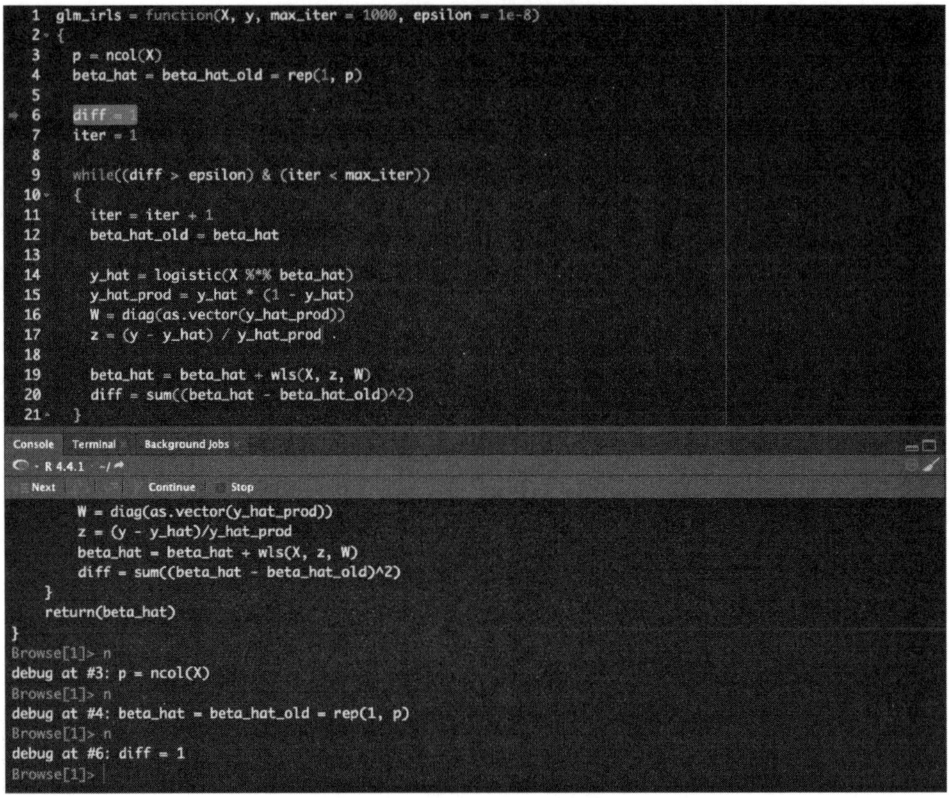

그림 7.1 R 디버깅 모드

수렴하기 전에 함수가 종료되었기 때문이다. 이렇게 드러나지 않는 형태의 에러는 코드의 디버깅 과정에서 가장 어려운 경우에 해당하는데, R에서는 디버깅 모드에서 코드를 한 줄씩 실행해볼 수 있어서 쉽게 문제의 본질에 접근할 수 있다.

`browser()` 부분의 주석을 해제하고 코드를 실행해 보면 `browser()` 함수가 있는 위치에서 디버깅 모드로 진입할 수 있다. `browser()`가 실행되면 디버깅 모드로 전환되며, 실행 중인 환경에서 변수 값을 확인하거나 실행을 한 단계씩 진행할 수 있다. 디버깅 모드가 실행되면 콘솔 창이 그림 7.1와 같이 변하게 된다. 콘솔 창을 보면 `Browse[1]>`로 프롬프트(prompt)가 변경되는 것을 확인할 수 있는데, 이를 통해 디버깅 모드에 진입했음을 확인할 수 있다.

또한, 그림 7.2와 같이 툴바(toolbar)가 생기는 것을 확인할 수 있는데, 여기서 코드의 실행과 디버깅 모드의 종료 같은 디버깅 작업을 수행할 수 있다.

그림 7.2 R 디버깅 툴바

디버깅 모드에서 사용할 수 있는 주요 옵션은 다음과 같다.

- `ls()`: 현재 환경에 있는 변수 확인
- `print(variable)`: 특정 변수의 값을 출력
- `n`: 다음 줄로 이동하여 실행. 약간의 차이가 있지만 엔터 키 입력으로 대체 가능
- `c`: 디버깅을 종료하고 나머지 코드를 계속 실행
- `Q`: 디버깅을 종료하고 즉시 실행 중단

여기서 일부는 툴바에서 아이콘을 클릭하여 같은 기능을 수행할 수 있다. `browser()`와 다음 섹션에서 설명하는 `debug()`, `debugonce()`와의 차이는 디버깅 모드에 진입하는 위치이다. `browser()`를 사용하는 경우 `browser()` 함수가 호출되는 줄에서 디버깅 모드에 진입하지만, `debug()`, `debugonce()`를 사용하는 경우 함수의 가장 처음 부분에서 디버깅 모드에 진입한다. `browser()` 함수가 더 유용한 경우는 모든 코드를 확인하기 어려운 복잡한 함수의 디버깅 및 특정 조건에서 디버깅 모드에 진입하는 상황이다. 예를 들어 반복문 안에서 `if (iter == 10) browser()`를 삽입해, 10번째 반복에서 디버깅 모드에 진입하는 것이 가능하다.

7.4 debug()와 debugonce()를 사용한 디버깅

`debug()`는 특정 함수의 모든 호출에서 디버깅 모드를 활성화하며, 함수 내부 실행 과정을 확인할 수 있다.

```
debug(glm_irls)

glm_irls(X, y, max_iter = 2)
```

함수를 호출하면 `browser()`를 호출하는 경우와 마찬가지로 디버깅 모드에 진입하게 되며 코드에 가장 처음 부분부터 전체 코드를 한 줄씩 확인할 수 있다. 디버깅이 완료되면 다음과 같이

```
undebug(glm_irls)
```

undebug(glm_irls)를 호출하여 디버깅 모드를 비활성화해야 한다.

debugonce()는 한 번 호출될 때만 디버깅 모드에 들어간다. 이 방법은 특정 호출에서만 디버깅이 필요할 때 유용하다. 별도로 undebug() 코드를 작성할 필요가 없어 많이 사용하는 방법이다.

```
debugonce(glm_irls)

glm_irls(X, y, max_iter = 2) # 디버깅 모드 진입

glm_irls(X, y, max_iter = 2) # 디버깅 과정 없이 코드 실행
```

디버깅 모드에서는 함수 내부의 변수와 실행 흐름을 실시간으로 확인할 수 있어, 반복 호출 없이도 문제를 해결하기 쉽다.

이 장에서 설명한 내용 외에도 R에서는 중단점(breakpoint)을 활용한 디버깅, 예외 처리, 추가적인 패키지들을 통한 코드 구조 분석 등 다양한 디버깅 툴이 존재한다. 이러한 내용들은 사용자가 작업하는 코드의 규모가 커지고 내용이 복잡해지면 조금씩 필요에 따라 배워나가면 된다. 대부분의 경우 debugonce()와 browser() 함수를 사용해서 디버깅이 가능하므로 여기에서부터 디버깅 과정을 수행해 보는 것을 추천한다.

8장

R과 외부 언어의 통합

8.1 외부 언어와 통합하는 이유

R은 데이터 분석과 통계 모델링을 위한 강력한 기능을 제공하지만, 인터프리터 언어(interpreted language)이므로 속도가 느린 경우가 많다. 특히 반복문이 많거나 대규모 행렬 연산이 필요한 연산 집약적인(computationally intensive) 작업에서는 실행 시간이 길어질 수 있다. 이런 경우 컴파일 언어(compiled language)를 활용하여 병목이 되는 부분을 최적화하면 성능을 크게 향상시킬 수 있다. 대표적으로 C, C++, Fortran 등의 언어는 R보다 빠른 연산 속도를 제공하며, 이러한 언어와 R을 통합하면 연산 성능을 최적화할 수 있다.

또한, 특정 분야에서는 발전된 패키지가 다른 언어로 구현되어 있는 경우가 많다. 예를 들어 머신러닝과 딥러닝 분야에서는 Python의 `scikit-learn`, `TensorFlow`, `PyTorch` 등의 패키지[16]가 풍부한 기능을 제공하며, 널리 사용되고 있다. R에서 이러한 패키지를 호출하여 활용하면 경우에 따라 더 효율적인 분석이 가능하며, 기존 R 패키지에서 제공되지 않는 최신 기능을 사용할 수도 있다. 또한 R 환경 안에서 작업을 모두 수행할 수 있어 편의성이 높아지고, 다른 언어를 사용하는 연구자나 분석가들과 수월하게 협업을 진행할 수 있다.

---

16) R과 Python에서는 모듈(module), 패키지(package), 라이브러리(library) 용어의 의미가 약간 다르게 사용된다. 이 책에서는 R 언어에 맞춰 용어를 사용한다. 사실 R 커뮤니티와 Python 커뮤니티 안에서 따로 보더라도 용어가 혼용되는 경향이 있다. R을 기준으로 설명한다면 여러 함수와 데이터가 포함된 구조 내지는 집합을 패키지라고 할 수 있고, 패키지가 설치된 디렉터리(directory)를 라이브러리라고 할 수 있다.

전통적으로 R과 C/Fortran을 연동하는 방식은 `inline` 패키지나 `.C()`, `.Call()`, `.External()`, `.Fortran()` 등의 인터페이스(interface)를 직접 사용하는 방식이었으며, 이 방식은 여전히 사용 가능하다. 그러나 이러한 방법들은 코드 작성이 번거롭고 유지보수가 어렵다는 단점이 있다. 현재는 `Rcpp` 패키지가 컴파일 언어와 R을 연동하는 표준적인 방법으로 자리 잡았으며, R과 C++을 보다 쉽게 통합할 수 있도록 돕는다. 이에 따라 이 장에서는 `Rcpp`를 이용하여 R과 C++을 연동하는 방법을 다룰 것이다.

한편, R과 가장 많이 결합하여 사용되는 언어 중 하나는 Python이며, 특히 인공지능 분야에서는 Python이 가장 많이 사용되고 있다. R과 Python을 동시에 사용하는 가장 알기 쉬운 방법은 두 언어로 각각 객체를 반환하는 연산 과정을 스크립트(script)로 작성한 이후 결과를 파일로 주고받는 크로스토크(cross-talk) 방식이다. 하지만 이러한 방법은 전체적인 워크플로(workflow)를 비효율적으로 만들고, 재현 가능성을 해치며, 오류 발생 가능성을 높인다. 최근에는 `reticulate` 패키지를 활용하면 R과 Python 간의 데이터 교환 및 함수 호출이 간편해졌으며, 두 언어를 혼합하여 사용하는 것이 점점 더 일반화되고 있다. 따라서 이 장에서는 `reticulate` 패키지를 활용하여 R과 Python을 연결하는 방법도 함께 다룰 것이다.[17)]

8.2 Rcpp를 이용한 R과 C++의 연동

8.2.1 Rcpp 개요

`Rcpp` 패키지는 조용하게 R의 생태계를 크게 바꾼 패키지이다. R은 여러 가지 편리한 기능을 제공하지만 코드의 실행 속도가 상당히 느린 편이다. 물론 R을 잘 다루는 사람들은 코드를 벡터화(vectorize)하여 속도를 높이는 여러가지 기술들을 가지고 있다. 사실 이러한 접근이 가능한 이유는 R의 내장된 많은 함수들이 C나 Fortran 같은 컴파일 언어로 작성되어 있기 때문이다. 그래서 직접 반복문을 작성하지 않고 내장 함수를 사용하면 빠른 연산이 가능해진다. 하지만 이러한 접근은 항상 가능한 것

17) 이 책은 R을 중심으로 구성되어 있으므로, `reticulate` 패키지를 이용한 R 환경에서의 인터페이스에 집중한다. Python 중심의 사용 환경에서 R 코드를 통합하기 위해서는 `rpy2` (https://rpy2.github.io/index.html)와 같은 선택지가 있다.

은 아니며 개발과 관리의 과정을 복잡하게 하고 R에 한정된 기술들이 많다. R에서 직접 컴파일 언어를 실행하고 그 결과를 R과 주고받을 수 있다면 아무런 문제가 없을 것이라고 생각할 수 있다. 바로 그 역할을 수행해주는 패키지가 `Rcpp`이다.

과거에 작성된 많은 패키지들도 외부 언어를 사용하지만 인터페이스가 불편해서 사용할 때 어려운 점이 많다. 예를 들어 예전에 작성된 많은 패키지에서 확인할 수 있는 것처럼 포인터(pointer)를 이용하여 C로 코드를 작성한 이후 컴파일된 실행 파일을 R에서 불러와서 계산을 수행하였다. 하지만 `Rcpp`가 등장하며 R과 C++ 사이에 데이터 교환과 작업의 일원화가 매우 용이해져서 이제는 `Rcpp`가 R과 컴파일 언어를 조합하는 표준적인 도구가 되었다.

`Rcpp`를 사용할 때 가장 큰 장점은 C++을 활용하여 계산 속도를 크게 개선할 수 있다는 것이다. 간단한 코드를 실행하는 경우에는 이 차이가 크지 않을 수 있지만 계산 속도가 수십 배에서 많게는 수백 배까지 차이나는 경우가 많다. 연구 과정에서 다양한 실험을 해본다거나 배포 과정에서 빠른 실행 속도가 필요한 경우 이 차이는 엄청난 결과의 차이를 가져온다. 또한 `Rcpp`는 R과 C++ 사이의 데이터형(type)을 쉽게 변환할 수 있어 R과의 쉬운 연동을 가능하게 한다. 그리고 기존 C++ 라이브러리를 활용하여 복잡한 연산을 수행할 수도 있으며, `RcppArmadillo`와 `RcppEigen` 같은 R에서 C++ 기반의 고성능 선형대수 연산을 수행을 가능하게 하는 패키지를 활용할 수도 있다.

이 섹션에서는 `Rcpp`의 간단한 사용법과 기능을 살펴보려고 한다. C++ 문법을 자세히 다루는 것은 이 섹션에서 다루고자 하는 범위를 벗어난다. `Rcpp` 사용에 대한 보다 상세한 설명은 Advanced R (Wickham 2019) 등의 책이나 Rcpp 공식 문서(https://cran.r-project.org/web/packages/Rcpp/index.html) 등을 참고할 수 있다. 대신 여기에서는 간단한 예제들을 통해 Rcpp 작동 원리를 살펴볼 것이고, 이후에 챕터 11에서 프로젝트를 구현하는 과정에서 Rcpp를 사용해볼 예정이다.

8.2.2 R에서 C++ 코드를 실행하는 방법

R에서 C++ 코드를 실행하기 위해서는 우선 C++ 컴파일러와 `Rcpp` 패키지가 필요하다.

```
library(Rcpp)
```

컴파일러는 Windows의 경우 Rtools를 설치하면 되고, Mac에서는 Xcode, Linux에서는 gcc와 관련 패키지들을 설치하면 된다. 설치한 다른 컴파일러를 사용할 수도 있는데 셋업은 조금씩 바뀔 수 있지만 쉽게 인터넷에서 정보를 찾을 수 있다. 설치와 기타 `Rcpp`의 사용과 관련해 추천할 수 있는 자료로는 Rcpp for everyone (https://teuder.github.io/rcpp4everyone_en) 등이 있다.

보통의 경우 R에서 실행할 특정한 작업을 C++을 이용해서 함수로 작성하고 그 함수를 R 환경에서 불러와서 사용하게 된다. 이때 C++ 코드는 다음과 같은 형식을 갖는다.

```
// [[Rcpp::export]]
RETURN_TYPE FUNCTION_NAME(ARGUMENT_TYPE ARGUMENT){

    //do something

    return RETURN_VALUE;
}
```

여기서 `ARGUMENT_TYPE`과 `RETURN_TYPE`은 각각 함수의 인자와 결과값의 자료형을 의미하고, `FUNCTION_NAME`을 R에서 사용할 함수의 이름이 된다. `Rcpp`에서는 일반적으로 C++에서 사용하는 자료형 이외에도 R과의 인터페이스를 위한 자료형을 제공한다. 다음 표는 R과 Rcpp에서 스칼라(scalar), 벡터(vector), 행렬(matrix) 자료형 간의 대응 관계를 나타낸다.

R	Rcpp (scalar)	Rcpp (vector)	Rcpp (matrix)
`logical`	`bool`	`LogicalVector`	`LogicalMatrix`
`integer`	`int`	`IntegerVector`	`IntegerMatrix`
`numeric`	`double`	`NumericVector`	`NumericMatrix`
`character`	`string`	`CharacterVector`	`CharacterMatrix`

R에서 C++ 코드를 실행하는 방법은 크게 세 가지가 있다. 각각을 요약하면 다음과 같다.

1. `cppFunction()`을 사용하여 간단한 C++ 코드를 실행할 수 있다. `cppFunction()` 안에 직접 C++ 코드를 입력하는 방식이다. 하지만 이 방식

은 복잡한 코드를 작성하고 관리하는 데 적합하지 않기 때문에 실제로는 많이 사용하지 않는다. 두 정수를 더하는 함수를 작성하는 간단한 예를 살펴보면 아래와 같다.

```
cppFunction('
int add(int x, int y)
{
  return x + y;
}')

# R에서 사용
add(2, 3)
[1] 5
```

`add()` 함수를 C++로 작성한 함수이며, `add(2, 3)`으로 호출할 때는 R 환경에서 사용한 것이다. 실제로 전역 환경(global environment)을 확인해 보면 `add()` 함수가 생성된 것을 확인할 수 있다.

2. `sourceCpp()` 함수를 이용하면 별도로 작성한 C++ 스크립트 `.cpp` 파일을 실행할 수 있다. 이는 R 스크립트를 `source()` 함수로 실행하는 것과 유사하다. 두 실수에 곱을 구하는 `multiply()` 함수를 C++ 스크립트 `my_code.cpp`에 다음과 같이 작성할 수 있다.

```
#include <Rcpp.h>
using namespace Rcpp;

// [[Rcpp::export]]
double multiply(double x, double y)
{
  return x * y;
}
```

여기서 `#include <Rcpp.h>`는 C++ 코드 상단에 위치한 헤더(header) 선언으로, `Rcpp` 패키지에 정의된 고유의 클래스(class)와 함수 등을 사용할 수 있게 해준다. `using namespace Rcpp;`는 3장에서 설명한 네임스페이스(namespace) 사용을 위한 코드로, 이 코드를 포함하지 않는 경우 `Rcpp`에서 정의된 키워드를 사용할 때 `Rcpp::`을 앞에 명시적으로 써줘야 한다. 예를 들어

NumericVector 대신 Rcpp::NumericVector라고 항상 써주어야 하므로 네임스페이스를 미리 불러오는 편이 편리하다. // [[Rcpp::export]]는 이 코드 아래 정의된 함수를 R에서 사용할 수 있도록 익스포트(export) 해주는 기능을 수행한다. 만약 작성한 .cpp 파일 안에 여러 개의 함수가 있다면 R에서 사용하기를 원하는 모든 함수의 정의 앞에 // [[Rcpp::export]]를 추가해야 한다. 위 코드는 R에서 Rcpp로 C++ 코드를 실행하고 결과를 사용하기 위한 표준적인 구조이므로 이 구조에 맞춰 스크립트를 작성해야 한다.

multiply() 함수를 R에서 사용하기 위해서는 R에서 다음과 같이 C++ 코드를 실행할 수 있다.

```
# 필요한 경우 .cpp 파일 경로 설정
sourceCpp("my_code.cpp")

# R에서 사용
multiply(3, 4)
[1] 12
```

이 방법을 사용하면 1번 방법과 다르게 코드 관리가 용이하고 여러 개의 함수를 포함할 수 있다. 하지만 여전히 파일을 별도로 관리해야 한다는 단점이 있어 복잡한 프로그램을 작성하는 경우 아래 3번 방법을 추천한다.

3. R에서 패키지를 만들 때 src/ 폴더에 C++ 코드를 추가한 이후 빌드(build)하여 C++ 코드를 사용할 수 있다.[18] 우리는 이미 1장에서 R 프로젝트에 대해서 배웠기 때문에 프로젝트 단위로 코드를 관리하는 것이 익숙할 것이다. R에서는 패키지를 개발하기 위한 프로젝트를 생성할 수 있다. 기본적으로 프로젝트 형태인데 DESCRIPTION, NAMESPACE 등 패키지 개발에 필요한 기본 구조와 메타데이터를 담고 있는 파일들이 자동으로 생성된다. 1장에서 이미 설명했지만 프로젝트를 생성할 때 **R package**를 선택하면 패키지 구조가 생성되며, 이때 Rcpp 패키지를 이용하여 C++ 코드를 이용하고자 하는 경우 **R package using Rcpp**를 선택해 패키지의 구조를 만들 수 있다. 패키지 개발 프로젝트에 대한 자세한 내용과 컴파일 언어를 포함하는 패키지 작성을 위한 명령어 등은 9장에서 다룰 예정이다. 원래 패키지에서 R 코드는 R/ 디렉터리에 포함되는 C++ 코

18) 패키지 빌드에 관한 자세한 설명은 9장을 참고하면 된다.

드는 `src/` 폴더에 저장하면 된다. C++ 스크립트의 구조와 헤더 작성은 2번에서와 같으므로 생략한다. 이렇게 C++ 코드를 관리하면 프로젝트 단위로 코드를 유지하고 수정할 수 있으며, 패키지를 빌드하면 별도의 소스(source) 과정 없이 C++로 작성한 함수를 R에서 자유롭게 사용할 수 있다. 9장과 11장에서 더 자세하게 이 접근을 살펴볼 것이다.

참고로 `Rcpp` 코드를 디버깅하는 과정은 R 코드를 디버깅하는 것보다 조금 복잡하다. 가장 쉬운 접근 방법은 소스 과정에서 나오는 에러 메세지를 확인하여 필요한 부분을 수정하거나, `Rcout`을 사용해서 값들을 직접 출력하면서 올바른 값이 나오는지 확인하는 방법이다. 예를 들어

```
#include <Rcpp.h>
using namespace Rcpp;

// [[Rcpp::export]]
int add(int x, int y)
{
  Rcout << "x = " << x << ", y = " << y << std::endl;
  return x + y;
}
```

스크립트를 작성하여 저장하고 (e.g. my_add.cpp), `sourceCpp("my_add.cpp")`로 소스하고 `add(3, 4)`와 같은 식으로 함수를 호출하면 코드 실행 중에 x와 y 변수에 저장된 값이 출력되는 것을 확인할 수 있다. 복잡한 C++ 코드에 대한 디버깅(debugging)이 필요한 경우 `lldb` (https://lldb.llvm.org)나 `gdb`(https://www.sourceware.org/gdb/) 같은 디버거를 사용할 수 있다.

8.2.3 R과 C++을 연동하는 계산 알고리즘 예제

이 섹션에서는 주어진 데이터를 기반으로 유클리드 거리 행렬(Euclidean distance matrix)을 계산하는 코드를 R과 `Rcpp`로 작성해 보고 계산 속도를 비교해 보려고 한다. 유클리드 거리는 두 점 사이의 직선 거리로 정의된다. 여러 개의 점들이 주어졌을 때 모든 점들 간의 거리를 계산한 행렬을 유클리드 거리 행렬이라고 한다. 이 행렬은 거리 기반 군집 분석, 유사도 기반 차원 축소, 그래프 네트워크 분석 등 여러

머신러닝 및 데이터 분석 분야에서 활용된다.

두 개의 점 $p=(p_1,p_2,\ldots,p_d)$와 $q=(q_1,q_2,\ldots,q_d)$가 d차원 공간에 존재할 때, 이들 사이의 유클리드 거리는 다음과 같이 정의된다.

$$d(p,q)=\sqrt{\sum_{k=1}^{d}(p_k-q_k)^2}$$

각 차원에서의 차이를 제곱한 후 모두 더하고 마지막으로 제곱근을 취하여 거리를 계산한다.

n개의 데이터 포인트 $\{p_1,\ldots,p_n\}$가 존재할 때 모든 점들 간의 거리를 계산하여 $n\times n$ 크기의 대칭 행렬을 구성할 수 있으며, 이를 유클리드 거리 행렬이라고 한다. 이 행렬은 다음과 같이 정의된다.

$$D_{i,j}=d(p_i,p_j)=\sqrt{\sum_{k=1}^{d}(p_{i,k}-p_{j,k})^2}$$

여기서 D는 $n\times n$ 크기의 거리 행렬이며, p_i는 i번째 데이터 포인트, $p_{i,k}$는 i번째 데이터 포인트의 k번째 좌표 값이다. 이 거리 행렬은 몇 가지 중요한 성질을 갖는다. 첫째, 대칭성이 있어 $D_{i,j}=D_{j,i}$가 성립한다. 둘째, 자기 자신과의 거리는 항상 0이므로 $D_{i,i}=0$이다. 셋째, 모든 거리 값은 0 이상인 비음수 값을 가지므로 $D_{i,j}\geq 0$가 성립한다.

거리 행렬은 다양한 머신러닝 알고리즘의 기초가 되므로 직접 구현해 볼 가치가 있다. 데이터 구조는 i번째 관측치 p_i가 $n\times p$ 데이터 행렬의 i번째 행에 자리한 구조를 생각한다. 다시 말해 데이터 행렬의 (i,k) 원소가 $p_{i,k}$ 값으로 주어지는 구조이다. 이 행렬을 입력받아 거리 행렬을 구현하는 코드를 R로 작성해 볼 것이다. R에서는 기존 패키지를 활용하여 쉽게 거리 행렬을 구할 수 있지만 수식에 맞춰서 직접 구현해 보면 다음과 같이 코드를 작성할 수 있다. 아래 예제는 반복문의 실행 속도를 비교하기 위한 간단한 예제이므로 거리 행렬의 구조적 특징을 코드에 반영하지는 않았으며, 벡터화된 코드 작성을 위해 노력하지도 않았다.

```
euclidean_distance_r = function(mat)
{
  n = nrow(mat)
```

```
  dist_mat = matrix(0, n, n)

  for (i in 1:n)
    for (j in 1:n)
      dist_mat[i, j] = sqrt(sum((mat[i, ] - mat[j, ])^2))

  return(dist_mat)
}
```

이제 같은 계산을 수행하는 함수를 Rcpp를 활용하여 작성해 보려고 한다. 아래 코드는 C++ 관련 지식이 없더라도 직관적으로 쉽게 이해할 수 있다. R과의 몇 가지 주요 차이점은 세미콜론(semicolon)의 활용, 사용하는 모든 변수를 선언해야 한다는 점과 인덱스가 0부터 시작한다는 점이다. 위에서 `cppFunction()`을 사용하여 작업하지 않는 것이 좋다고 설명했지만 지금은 간단한 함수 하나만 구현하는 것이므로 이 방식을 택하였다.

```
cppFunction('
NumericMatrix euclidean_distance_cpp(NumericMatrix mat) {
  int n = mat.nrow();
  int d = mat.ncol();
  NumericMatrix dist_mat(n, n);

  for (int i = 0; i < n; i++) {
    for (int j = 0; j < n; j++) {
      double sum_sq = 0.0;
      for (int k = 0; k < d; k++) {
        sum_sq += pow(mat(i, k) - mat(j, k), 2);
      }
      dist_mat(i, j) = sqrt(sum_sq);
    }
  }

  return dist_mat;
}
')
```

작성한 함수가 잘 작동하는지 확인하기 위해 테스트 데이터를 만들어야 한다. 여기서는 300개의 10차원 데이터 포인트를 임의로 생성하여 확인해볼 것이다.

```
set.seed(923)
mat = matrix(runif(300 * 10), nrow = 300, ncol = 10)

dist_mat1 = euclidean_distance_r(mat)
dist_mat2 = euclidean_distance_cpp(mat)
```

두 함수로 계산한 거리 행렬의 왼쪽 상단 5×5 서브 행렬(submatrix)를 출력해 보면 아래와 같이 같은 결과가 나오는 것을 확인할 수 있다.

```
dist_mat1[1:5, 1:5]
          [,1]     [,2]     [,3]      [,4]     [,5]
[1,] 0.0000000 1.169729 1.070694 0.9991187 1.214896
[2,] 1.1697295 0.000000 1.219474 1.4801436 1.693719
[3,] 1.0706936 1.219474 0.000000 1.4306853 1.480556
[4,] 0.9991187 1.480144 1.430685 0.0000000 1.275689
[5,] 1.2148960 1.693719 1.480556 1.2756893 0.000000
dist_mat2[1:5, 1:5]
          [,1]     [,2]     [,3]      [,4]     [,5]
[1,] 0.0000000 1.169729 1.070694 0.9991187 1.214896
[2,] 1.1697295 0.000000 1.219474 1.4801436 1.693719
[3,] 1.0706936 1.219474 0.000000 1.4306853 1.480556
[4,] 0.9991187 1.480144 1.430685 0.0000000 1.275689
[5,] 1.2148960 1.693719 1.480556 1.2756893 0.000000
```

이제 두 함수의 계산 속도를 비교해 볼 것이다. 성능 비교를 위해 `microbenchmark` 패키지를 활용할 것이다. 이 패키지의 `microbenchmark()` 함수를 사용하면 지정한 횟수만큼 반복하여 얻어진 여러 함수의 계산 시간을 비교할 수 있다.

```
library(microbenchmark)

benchmark_results = microbenchmark(
  R = euclidean_distance_r(mat),
  Rcpp = euclidean_distance_cpp(mat),
  times = 100
)
print(benchmark_results)
```

```
Unit: milliseconds
 expr      min      lq       mean   median       uq      max  neval
    R  54.6657 55.7482 57.083827 56.36160 56.98260 83.7750    100
 Rcpp   1.1295  1.1480  1.175562  1.16205  1.17875  1.6589    100
```

환경에 따라 다르겠지만 코드를 실행해 보면 계산 속도가 수십 배 차이나는 것을 확인할 수 있을 것이다.

R과 C++의 연동은 R의 장점인 편의성을 유지하면서 단점인 느린 실행 속도를 극복할 수 있는 유용한 접근 방법이다. R로 프로그램을 작성할 때 계산이 많이 필요한 함수를 `Rcpp`를 활용하여 작성하면 훨씬 더 빠르게 실행되는 코드를 작성할 수 있으므로 익혀두면 활용 가능성이 매우 높다.

8.3 reticulate를 이용한 R과 Python의 연동

8.3.1 R과 Python 연동의 필요성

`reticulate` 패키지는 Python과 R을 통합하여 활용할 수 있는 완전한 인터페이스(interface)를 제공한다. 특히 머신러닝(machine learning)과 딥러닝(deep learning) 분야에서 Python이 가장 점유율이 높은 언어로 자리 잡으면서 데이터 과학 전반에서 Python이 널리 사용되고 있기 때문에, Python과 R의 인터페이스는 연구와 데이터 분석뿐 아니라 협업 과정에서도 유용하다. 예를 들어 R 사용자 본인 혹은 협업자가 Python으로 머신러닝 모형을 주로 구현한다면, 그 Python 코드 혹은 모형 적합 결과를 그대로 R에서 사용할 수 있다. Python이 유용할 수 있는 상황의 예는 다음과 같다.

- Python의 `pandas`와 같은 데이터 처리 패키지 혹은 `matplotlib`과 같은 시각화 패키지에 익숙하다면 이를 R 안에서 바로 활용할 수 있다. 물론 R에서도 강력한 (아마도 더 강력한) `tidyverse` 생태계(ecosystem)를 활용할 수 있지만 이미 익숙한 Python 도구가 있다면 이를 쉽게 연동해서 사용할 수 있다.
- `scikit-learn`(https://scikit-learn.org)과 같은 Python 머신러닝 패키지를 활

용할 수 있다. 한 가지 오해를 바로잡자면 온라인에서 R이 Python을 따라잡고 있다는 표현을 종종 볼 수 있는데 이는 대체로 사실이 아니다. 실제로 많이 사용되는 대부분의 머신러닝 방법론과 통합 패키지는 R에서 먼저 구현되고 사용되어 왔다. 하지만 Python이 프로덕션 코드 작성을 위한 범용적인 프로그래밍 환경을 제공하여 사용자 층이 두텁고, 또 `scikit-learn`이 직관적인 인터페이스와 구조적인 문서화, 약간의 홍보 효과가 더해져 우수한 패키지로 데이터 과학 커뮤니티에 받아들여지게 되었다. R에서도 비슷하게 사용할 수 있는 `mlr3` (https://mlr3.mlr-org.com), tidymodels(https://www.tidymodels.org) 같은 기능적으로는 전혀 부족하지 않은 패키지들이 있다. 하지만 사용자 커뮤니티가 작거나 직관적이지 못하다는 이유로 통합 환경 패키지로 확실히 자리매김하지는 못한 것으로 보인다.[19)]

- 딥러닝을 이용한 작업을 R에서 수행하는 경우에도 Python과의 인터페이스가 유용할 수 있다. 사실 TensorFlow나 torch는 모두 R에서 사용이 가능하다. 혹시 R 환경에서 모든 작업을 수행하고 싶다면 TensorFlow for R (https://tensorflow.rstudio.com/tutorials/) 혹은 torch for R (https://torch.mlverse.org)을 참고하면 된다. 백엔드가 Python으로 구현되어 있는 것이 아니라면 사실 Python 인터페이스의 개발이나 R 인터페이스의 개발이 크게 다르지 않기 때문에, R에서 추가적인 패키지를 활용하여 딥러닝 관련 여러 작업들을 쉽게 진행할 수 있다. 하지만 할 수 있다고 해서 반드시 해야 하는 것은 아니다. 이미 커뮤니티에서 Python을 기반으로 작업하는 것이 보편화되어 있는데 가능하다는 이유만으로 이 작업을 모두 R로 전환할 필요는 없다. 따라서 특정한 목적이 있는 경우가 아니라면 단순히 Python과 연동하여 사용하는 것이 효율적일 수 있다.[20)]

이 섹션에서 R과 Python의 인터페이스를 위한 모든 도구를 소개할 수는 없다. 또한 Python 문법에 대해 자세히 설명하는 것도 주제에서 벗어난다고 생각한다. R에 익숙한 학습자가 빠르게 Python을 익히고 싶다면 Python and R for the Modern Data Scientist (Scavetta and Angelov 2021) 책이 도움이 될 것이다. Python을 머신러닝 맥락에서 깊게 이해하고 싶다면 Hands-on machine learning with

---

19) 이러한 지적은 약간의 논란이 있을 수 있지만, 예를 들어 `tidymodels`가 `tidyverse` 생태계에 포함되지 않았다면 지금의 위상조차도 유지하지 못했을 것이라고 개인적으로 판단한다.

20) 이 책은 R 프로그래밍 관련 책이지만 R의 우수성을 전파하기 위한 책은 아니다. 데이터를 다루는 사람은 Python뿐 아니라 데이터 관련 툴(tool)을 많이 익히고 있을수록 좋다.

Scikit-Learn, Keras, and TensorFlow (Geron 2022) 같은 표준적인 책을 공부할 수 있다. **reticulate**의 사용법에 대한 자세한 설명은 R Interface to Python (https://rstudio.github.io/reticulate/) 웹 사이트를 참고하면 된다. 이 섹션에서는 Python에 익숙한 R 사용자들이 바로 R 환경에서 Python을 활용할 수 있는 기본적인 예시를 보여주려고 한다.

8.3.2 Python 버전, 가상 환경과 패키지 관리

R에서 Python을 사용하려면 시스템에 Python이 설치되어 있어야 하며, **reticulate** 패키지를 설치하여 불러와야 한다.

```
library(reticulate)
```

데이터 과학 분야에서 Python을 사용하는 사람이라면 가상 환경(virtual environment)을 자주 사용할 것이다. 가상 환경이란 특정 프로젝트에서 사용할 Python 패키지들을 독립적으로 관리할 수 있도록 해주는 격리된 실행 환경이다. 이를 통해 패키지 충돌을 방지하고 버전을 맞춰 사용하여 재현성을 유지할 수 있다. 1장에서 소개한 **renv** 패키지가 R에서 이러한 역할을 해주는 것이다.

기본적으로 **reticulate** 패키지는 독립적인 Python 가상 환경인 **r-reticulate**을 사용한다. 이는 RStudio의 터미널(Terminal)에서도 확인할 수 있다. 만약 특정 Python 버전을 사용하고 싶다면 `use_python()` 함수를 이용해 원하는 Python 경로를 지정할 수 있다. 예를 들어 특정한 경로(path)에 설치된 Python을 사용하고 싶다면 아래와 같이 설정한다.

```
use_python("path")
```

혹은 RStudio 상단 메뉴에서 `Tools > Project Options`에서 Python을 선택하여 인터프리터(interpreter)와 밑에서 설명할 가상 환경의 선택 작업을 수행할 수도 있다.

Python 혹은 Conda 가상 환경을 생성하고 싶다면 다음과 같이 가상 환경의 이름(e.g. `myenv`)을 입력하여 생성 가능하다.

```
virtualenv_create("myenv")
conda_create("myenc")
```

사용 가능한 가상 환경을 확인하고 싶다면 virtualenv_list() 혹은 conda_list()를 콘솔에 입력하면 된다. 만들어 놓은 가상 환경을 사용하고 싶다면 다음과 같이 활성화한다.

```
use_virtualenv("myenv")
use_condaenv("myenv")
```

작업 과정에서 필요한 Python 패키지는 기존 Python 코드를 사용할 때와 동일하게 pip나 conda 같은 표준 Python 패키지 관리 도구로 설치할 수도 있다. 혹은 R 환경 내에서 작업하는 것이 더 편하다면 위 예시와 같이 reticulate 패키지 자체에서 virtualenv_create()나 conda_create() 등 함수로 가상 환경을 설정하고, Python 가상 환경이나 Conda 환경에서 py_install()이나 conda_install() 함수를 사용하여 Python 패키지를 관리하고 설치할 수 있다. 예를 들어 아래와 같은 형식으로 r-reticulate 환경에 nunmpy 패키지를 설치할 수 있다.

```
Use_virtualenv("r-reticulate")
py_install("numpy")
```

설치된 Python 모듈이 사용가능한지 확인하려면 py_module_available("이름") 형태로 확인할 수 있다. Python 환경을 다루기 위한 이런저런 시도를 하다보면 현재 알맞은 버전의 Python과 적절한 가상 환경 및 패키지를 사용하고 있는지 헷갈릴 수 있는데 py_config() 함수를 이용하면 현재 reticulate에서 사용하고 있는 Python 관련 빌드와 버전 정보, 가상 환경 정보 등을 출력해준다.

8.3.3 R에서 Python을 실행하는 방법

reticulate 패키지 웹 사이트를 참고하면 R에서 Python 코드를 실행하는 방법은 크게 네 가지이다. 각각을 요약하면 다음과 같다.

1. R Markdown 혹은 Quarto에서 Python 사용: R Markdown에서 Python을 사용할 수 있는 새로운 언어 엔진이 제공된다. 이를 통해 R 코드에서 Python 객체를 참조하거나, 반대로 Python 코드에서 R 객체를 참조하는 양방향(bi-directional) 데이터 교환이 가능하다. Quarto를 사용하는 경우 코드 블록에 `python`을 지정하면 바로 문서에 Python 코드와 실행 결과를 포함시킬 수 있으며 이에 대해서는 12장에서 간단하게 살펴볼 예정이다.
2. Python 모듈 가져오기: `import()` 함수를 사용하면 Python 모듈을 R에서 직접 불러와서 함수나 객체를 호출할 수 있다. Python 모듈의 객체나 함수에 접근하기 위해서는 일반적으로 `$함수이름` 혹은 `$객체이름`을 사용한다. 반대로 Python에서 R 객체에 접근할 때는 `r.객체이름`을 사용한다. 예를 들어 `numpy` 모듈을 불러와서 사용하려면 다음과 같이 작성한다.

```
library(reticulate)
# 필요한 경우 numpy 설치
# py_install("numpy")
np = import("numpy")
np$arange(10)
 [1] 0 1 2 3 4 5 6 7 8 9
```

Conda 환경의 예를 살펴보면, 만약 Conda 환경 `myenv`에 `numpy`가 설치되어 있다면 아래와 같이 실행할 수 있다.

```
use_condaenv("myenv")
np = import("numpy")
np$arange(10)
```

3. Python 스크립트 실행: `source_python()` 함수는 R의 `source()` 함수와 유사하게 Python 스크립트를 실행하고, 스크립트에서 정의된 Python 객체와 함수를 R에서 직접 사용할 수 있도록 한다.

```
source_python("script.py")
```

4. Python 인터랙티브 콘솔(read-eval-print loop; REPL) 사용: `repl_python()` 함수를 사용하면 콘솔 창의 프롬프트(prompt)가 `>>>`와 같이 바뀌고, R 환경 내에서 Python 인터랙티브 콘솔을 실행할 수 있다. `exit` 혹은 `quit`을 입력해서 REPL을 종료하고 R로 돌아갈 수 있다. Python에서 생성한 객체는 `py$`객체이름 형식으로 R에서 접근 가능하며, 반대로 R에서 생성한 객체도 Python에서 사용할 수 있다. 이 방식은 재현 가능성과 워크플로(workflow) 관리 측면에서 추천하는 방식은 아니지만 간단한 코드 결과 확인을 위해 사용 가능하다.

어느 방법을 사용하든 중요한 점은 Python의 객체를 R에서 바로 사용할 수 있다는 것이다. 따라서 `reticulate`를 이용한 인터페이스는 단순히 두 언어에 대해 편집기(editor)를 제공하는 것이 아니다. 두 언어 사이에 객체를 주고받을 수 있도록 하여 통합적인 개발 환경을 제공하는 것이다. 이때 자료의 형태가 두 언어에서 차이가 나는데 `reticulate`는 다음과 같은 방식으로 이를 변경한다.[21)]

R	Python	예제
Single-element atomic vector	Scalar	`1, 1L, TRUE, "foo"`
Unnamed list or multi-element atomic vector	List	`c(1.0, 2.0, 3.0), c(1L, 2L, 3L)`
Named list	Dict	`list(a = 1L, b = 2.0), dict(x = x_data)`
Matrix/Array	NumPy ndarray	`matrix(c(1,2,3,4), nrow = 2, ncol = 2)`
Data Frame	Pandas DataFrame	`data.frame(x = c(1,2,3), y = c("a", "b", "c"))`
Function	Python function	`function(x) x + 1`
NULL, TRUE, FALSE	None, True, False	`NULL, TRUE, FALSE`

8.3.4 R과 Python을 연동하는 머신러닝 예제

실제로 R과 Python을 연동해서 데이터를 분석하는 간단한 예제를 살펴보려고 한다. 여기서는 코드 외에 불필요한 설명을 피하기 위해 R에 내장된 데이터인

21) 필요한 경우 자동 형 변환(type casting)을 사용하지 않고 수동으로 변환할 수도 있다.

`mtcars`와 가장 간단한 모형인 선형 회귀(linear regression) 모형을 이용한다.

우선 데이터의 구조를 살펴보기 위해 처음 10줄을 출력해 보면 다음과 같다.

```
knitr::kable(mtcars[1:10, ])
```

	mpg	cyl	disp	hp	drat	wt	qsec	vs	am	gear	carb
Mazda RX4	21.0	6	160.0	110	3.90	2.620	16.46	0	1	4	4
Mazda RX4 Wag	21.0	6	160.0	110	3.90	2.875	17.02	0	1	4	4
Datsun 710	22.8	4	108.0	93	3.85	2.320	18.61	1	1	4	1
Hornet 4 Drive	21.4	6	258.0	110	3.08	3.215	19.44	1	0	3	1
Hornet Sportabout	18.7	8	360.0	175	3.15	3.440	17.02	0	0	3	2
Valiant	18.1	6	225.0	105	2.76	3.460	20.22	1	0	3	1
Duster 360	14.3	8	360.0	245	3.21	3.570	15.84	0	0	3	4
Merc 240D	24.4	4	146.7	62	3.69	3.190	20.00	1	0	4	2
Merc 230	22.8	4	140.8	95	3.92	3.150	22.90	1	0	4	2
Merc 280	19.2	6	167.6	123	3.92	3.440	18.30	1	0	4	4

지금은 간단한 선형 회귀 모형을 살펴볼 것이기 때문에 R에서 `lm()` 함수를 이용하여 회귀 계수의 추정치를 계산할 수 있다. 실제로는 Python에 잘 구현되어 있는 복잡한 방법론을 사용한다고 생각하고 예제를 살펴보면 좋을 것이다. R에서 추정된 계수는 다음과 같다.

```
lm(mpg ~ ., data = mtcars)$coefficients
(Intercept)         cyl        disp          hp        drat          wt
12.30337416 -0.11144048 0.01333524 -0.02148212  0.78711097 -3.71530393
       qsec          vs          am        gear        carb
 0.82104075  0.31776281 2.52022689  0.65541302 -0.19941925
```

같은 예제를 `sklearn.linear_model` 모듈을 불러와서 R에서 적합하면 아래와 같이 코드를 작성할 수 있다. 이때 `scikit-learn`이 Python 환경에 설치되어 있어야 하며, 백엔드에서는 Python 코드가 실행된다는 것을 기억하기 바란다.

```
library(reticulate)
```

```
# 모듈 불러오기
skl_lr = import("sklearn.linear_model")

# 설명 변수와 반응 변수 설정
x = as.matrix(mtcars[, -1])
y = as.numeric(mtcars[, 1])

# 파이썬 객체(numpy 배열)로 변환
np = import("numpy")
pyx = np$array(x)
pyy = np$array(y)

# 선형 회귀 모델 생성
lr = skl_lr$LinearRegression()
lr$fit(pyx, pyy)
LinearRegression()
# 계수와 절편 저장 및 출력
coefficients = lr$coef_
intercept = lr$intercept_

coefficients
 [1] -0.11144048  0.01333524 -0.02148212  0.78711097 -3.71530393  0.82104075
 [7]  0.31776281  2.52022689  0.65541302 -0.19941925
cat("Intercept: ", intercept, "\n")
Intercept:  12.30337
```

위와 같이 간단하게 Python 모듈을 불러와 선형 회귀 모형을 적합할 수 있으며, 추정의 결과는 R에서 `lm()` 함수를 사용해 계산할 것과 같음을 확인할 수 있다.

`reticulate`로 Python 코드를 실행하는 방법은 하나만 있는 것은 아니다. Python 모듈을 불러와서 R 문법과 섞어서 사용하는 것이 어색하다면 Python 코드를 문자열로 작성한 이후에 `py_run_string()` 함수를 사용해서 직접 코드를 아래와 같이 실행시킬 수도 있다.

```
# 설명 변수와 반응 변수 설정
x = as.matrix(mtcars[, -1])
y = as.numeric(mtcars[, 1])

# 파이썬 객체(numpy 배열)로 변환
```

```
np = import("numpy")
pyx = np$array(x)
pyy = np$array(y)

# 파이썬 코드 문자열 생성
python_code = "
from sklearn.linear_model import LinearRegression

# 데이터 준비
X = r.pyx
y = r.pyy

# 모델 생성 및 학습
lr = LinearRegression()
lr.fit(X, y)

# 계수와 절편 추출
coefficients = lr.coef_
intercept = lr.intercept_

# 결과 출력
print('Coefficients:', coefficients)
print('Intercept:', intercept)
"

# 파이썬 코드 실행
py_run_string(python_code)
Coefficients: [-0.11144048  0.01333524 -0.02148212  0.78711097 -3.71530393
               0.82104075  0.31776281  2.52022689  0.65541302 -0.19941925]
Intercept: 12.30337415599622
```

이때 R에 저장된 객체에 접근하기 위해서 `r.pyx`, `r.pyy`와 같이 `r.` 뒤에 변수명을 써서 접근하였으며, R에서 나온 결과와 같은 것을 확인할 수 있다.

마지막으로, Python에서 `rpy2` 패키지를 사용하여 R 객체를 전부 Python으로 보낸 이후에 Python 환경에서 모든 작업을 수행하고 `reticulate`로 결과를 받아오거나, Python으로 모형을 적합하는 코드를 스크립트로 작성하고 `source_python()` 함수를 이용해 코드를 실행한 결과를 R에 받아올 수도 있다. Python 환경 중심의 예시는 책의 주제를 약간 벗어나기 때문에 코드를 생략하지만, 이러한 접근들은 Python에서의 작업에 익숙하다면 도움말을 참고하여 매우 쉽게 구현할 수 있다.

비록 간단한 선형 회귀 모형을 예제로 사용했지만 복잡한 데이터에 대해, R에서 익숙한 패키지를 사용해 전처리 및 시각화를 진행하고 복잡한 머신러닝 또는 딥러닝 모형을 Python으로 적합한 이후, 그 결과를 다시 R에서 정리하고 제시하는 워크플로를 머릿속에 그릴 수 있기를 바란다.

9장

R 패키지의 구조 이해 및 개발

9.1 R 패키지 개발을 공부해야 하는 이유

R 패키지(R package)는 함수, 데이터, 문서화 등을 포함한 코드의 집합으로, 재사용과 공유가 용이하도록 구성된 하나의 모듈(module)이다. 패키지는 R에서 간단한 명령어로 쉽게 설치할 수 있으며, The Comprehensive R Archive Network(CRAN; https://cran.r-project.org), Bioconductor, GitHub 등의 플랫폼을 통해 배포할 수 있다. 패키지를 사용하면 특정 기능을 캡슐화하여 반복적인 작업을 줄이고, 코드의 유지보수성과 확장성을 높일 수 있다.

R 패키지를 개발하면 프로젝트(project) 코드 관리를 효율적으로 할 수 있다. 프로젝트가 커질수록 여러 개의 스크립트(script)가 서로 엉키고, 함수가 중복되거나 필요 없는 코드가 포함될 가능성이 높아진다. 패키지로 기능을 모듈화하면 코드의 일관성을 유지할 수 있으며, 필요할 때마다 쉽게 불러와 사용할 수 있다. 또한 패키지는 문서화와 버전 관리가 체계적으로 이루어지므로 유지보수성이 높아지고, 장기적인 프로젝트에서도 코드 품질을 유지하는 데 도움이 된다.

자신이 만든 유용한 코드를 다른 사람과 공유하거나 배포할 때도 패키지를 활용하는 것이 효과적이다. 단순히 R 스크립트를 공유하는 방식은 사용자가 직접 코드를 정리하고 실행해야 하는 번거로움이 있지만, 패키지 형태로 제공하면 함수 설명이 포함된 문서화(documentation), 예제 코드, 테스트 코드가 함께 포함되므로 보다 쉽게 활용할 수 있다. 특히, CRAN이나 GitHub에 배포하면 누구나 `install.packages()`

나 devtools::install_github()를 사용해 손쉽게 설치할 수 있어 코드의 접근성과 활용도가 높아진다.

패키지를 직접 개발해 보면 기존에 사용하던 다른 패키지들이 어떻게 구성되어 있는지 더 깊이 이해할 수 있다. 평소 tidyverse, shiny, caret과 같은 패키지를 사용할 때 내부 구조를 파악하기 어려운 경우가 많지만, 패키지 개발 과정을 경험하면 함수와 모듈이 어떻게 조직되는지 자연스럽게 익히게 된다. 이를 통해 기존 패키지를 보다 효과적으로 활용할 수 있으며, 특정 패키지를 확장하거나 자신만의 도메인에 맞춘 패키지를 제작하는 것도 가능해진다.

패키지를 개발하는 과정에서는 단순한 함수 작성뿐만 아니라 문서화, 테스트 코드 작성, 종속성 관리, 버전 관리 등의 다양한 기술을 익혀야 한다. 이러한 과정은 단순히 R 문법을 배우는 것을 넘어 프로그래밍 전반에 대한 이해도를 높이는 데 도움이 된다. 특히 코드 테스트와 유지보수 방법을 익히면 더 안정적이고 신뢰할 수 있는 소프트웨어를 개발할 수 있으며, GitHub와 같은 버전 관리 시스템을 활용하면 협업과 배포도 더욱 용이해진다.

결론적으로 R 패키지 개발을 배우는 것은 단순히 기술을 익히는 것이 아니라 코드 관리, 공유 및 배포, 다른 패키지의 심층적인 이해, 프로그래밍 역량 향상 등 여러 가지 측면에서 큰 이점을 제공한다. R을 적극적으로 활용하는 데이터 분석가나 연구자라면 패키지 개발을 익히는 것이 매우 유용하며, 이를 통해 코드의 재사용성과 유지보수성을 높이고, 보다 체계적인 프로그래밍 역량을 갖출 수 있다. 이 장에서는 R 패키지의 구조를 이해하고 개발하기 위한 기초적인 이론 내용을 학습한다. 이 내용을 바탕으로 하여 10장과 11장에서는 실제로 많이 사용하는 통계학 방법론을 패키지로 구현하는 프로젝트를 진행해 볼 예정이다.

9.2 패키지 구조와 메타데이터

패키지의 관한 논의를 본격적으로 진행하기에 앞서 패키지 개발에 필요한 도구들이 설치되어 있는지 확인해야 한다. 만약 아래 패키지 중에서 설치되지 않은 R 패키지 개발 도구가 있다면 먼저 설치하고 진행하면 된다.

```
install.packages(c("devtools","usethis","roxygen2","knitr"))
```

이 패키지들은 패키지 개발을 도와주는 도구들을 모아놓은 패키지들이다.

9.2.1 R 패키지의 기본 구조

R 패키지는 특정 기능을 수행하는 함수, 데이터, 문서 등을 하나의 단위로 묶어 배포하는 시스템이다. 패키지는 다양한 형태로 존재할 수 있다. 디렉터리(directory) 구조에서 코드와 문서 등을 포함하고 있는 개발 버전의 소스 패키지(source package) 뿐 아니라 이를 압축한 번들 패키지(bundled package)와 바이너리 패키지(binary package) 등의 형태가 가능하다. 우리는 앞으로 이 책에서 패키지를 언급할 때 소스 패키지에 대해서 얘기하도록 하겠다. R에서 이러한 함수, 데이터, 문서 등의 집합을 패키지라 부르기 위해서는 특정한 표준 디렉터리 구조를 갖추어야 한다. 패키지 구조와 그 주요 구성 요소는 다음과 같다.

구성 요소	설명
`DESCRIPTION`	패키지의 기본 정보(메타데이터)를 포함
`NAMESPACE`	패키지에서 외부에 공개할 함수 정의
`R/`	R 코드 파일 (`.R` 파일) 저장
`man/`	함수 및 데이터 문서를 포함한 `.Rd` 파일 저장
`inst/`	패키지 내부에서 활용될 기타 리소스 저장
`data/`	패키지에서 제공하는 데이터셋 (`.rda` 또는 `.RData`) 저장
`tests/`	테스트 코드 저장 (예: `testthat` 패키지 활용)
`vignettes/`	패키지의 활용법을 설명하는 문서 (R Markdown 형식)
`src/`	C, C++, Fortran 등의 코드 저장 (컴파일 필요)

이 중에서도 핵심 구성요소는 `DESCRIPTION`, `NAMESPACE` 파일과 `R/`, `man/`, `src/`, `data/` 디렉터리이다. 각 디렉터리에 스크립트와 데이터가 어떻게 저장되는지 구체적인 예제는 4부의 프로젝트 파트에서 자세하게 살펴볼 예정이다. 이 장에서 R 패키지가 가져야 할 기본 구성 요소와 메타데이터(meta data) 관리에 집중하여 설명을 진행한다.

`DESCRIPTION` 파일의 경우 패키지의 주요 메타데이터를 저장하는 파일로 패키지를 정의하는 기능을 수행한다. R의 `devtools` 패키지는 기본적으로 `DESCRIPTION` 파일이 저장되어 있는 디렉터리를 패키지라고 인식한다. 다음 섹션에서 살펴볼 방식으로 패키지를 생성하게 되면 여러 핵심 정보들을 포함한 `DESCRIPTION` 파일이 생

성된다. 설명을 위해 임의로 `DESCRIPTION` 파일의 필드(field)를 채워넣고 몇몇 필드를 추가하면 아래와 같은 형식으로 작성할 수 있다.

```
Package: mypackage
Title: A Sample R Package
Version: 0.1.0
Author: Kwan-Young Bak [aut, cre]
Maintainer: Kwan-Young Bak <kybak@sungshin.ac.kr>
Description: This package provides functions for data analysis.
License: GPL-3
Depends: R (>= 4.0.0)
Imports: ggplot2, dplyr
Suggests: testthat
Encoding: UTF-8
LazyData: true
```

`DESCIPTION` 필드에 대한 설명은 아래 표와 같다.

필드	설명
`Package`	패키지 이름
`Title`	짧은 설명 (길이 제한 있음)
`Version`	버전 (major.minor.patch 형식)
`Author`	저자 정보 ([aut], [cre] 등 역할 지정)
`Maintainer`	유지보수 담당자 (이메일 포함)
`Description`	패키지 설명 (보다 긴 설명 가능)
`License`	라이선스 (예: GPL-3, MIT, CC0)
`Depends`	필수 R 버전 및 패키지
`Imports`	내부에서 사용하는 패키지 (함수 호출 시 :: 사용)
`Suggests`	선택적 패키지 (예: 테스트, 문서 생성 관련)
`Encoding`	문자 인코딩 (일반적으로 UTF-8)
`LazyData`	데이터셋을 자동으로 로드할지 여부

패키지의 이름은 CRAN에 제출하기를 희망하는 경우 기존에 사용 중인 이름을 피해서 지어야 한다. `Version`의 경우 절대적인 규칙이 있는 것은 아니지만 `major.minor.patch` 형식을 사용하는 것이 관행이다. 그리고 개발 중에 있는 패키지는 보통 뒤에 `.9000`을 붙여서 표현한다. 예를 들어 `1.1.2.9000` 같은 형식으로 관리할 수 있다. `Author` 및 `Maintainer` 필드는 최근에는 `Authors@R` 필드로

작성하는 것이 표준적이다. 예를 들어 아래와 같은 형식으로 작성 가능하다.

```
Authors@R: c(
    person(
      "Kwan-Young", "Bak",
      email = "kybak@sungshin.ac.kr",
      role = c("aut", "cre")
    )
  )
```

c()로 묶어주는 것은 생략 가능하지만, 저자가 여러 사람인 경우 묶어주는 것이 필수이다. 패키지 안에서 사용할 외부 패키지는 **Imports** 필드에 추가하면 된다. 외부 패키지를 사용할 때 일반적으로 추천하는 방식은 **DESCRIPTION**에서 **Imports** 필드에 패키지를 추가한 이후 패키지이름::함수이름 형태로 불러와서 사용하는 것이다. **Suggests**는 의존성의 강도가 약하다. 필수 설치가 아니며 보통의 경우 특정한 기능을 사용하기 위해 필요한 패키지를 의미한다. 패키지 개발에 **usethis**를 사용하고 있기 때문에 **DESCRIPTION**을 직접 추가하는 대신 아래 코드와 같이 작성하여 필요한 패키지를 **Imports**와 **Suggests** 필드에 적절히 추가할 수 있다.

```
usethis::use_package("dplyr") # Imports가 default 타입
usethis::use_package("dplyr", "Suggests")
```

LazyData: true는 데이터의 로딩과 관련된 필드로 **true**를 기본적으로 사용한다. 데이터를 **data/** 디렉터리에 추가하고 불러오는 내용은 10장에서 설명한다.

9.2.2 패키지 생성 및 설치

패키지의 기본 구조는 1장에서 살펴본 바와 같이 R 프로젝트의 생성 과정에서 **R package**를 선택하여 생성할 수 있다. 또한 **devtools::create**(경로/패키지이름) 형태로 필요한 구조와 메타데이터를 생성하는 것도 가능하다. 이외에 몇 가지 오래된 방법도 있지만 따로 배워야할 이유는 없다. 패키지 또한 프로젝트 형태로 관리되기 때문에 버전 관리 등 R 프로젝트 장에서 배운 내용들을 모두 활용하여 개발 과정에서 사용할 수 있다.

기본적인 패키지 구조가 만들어지면 메타데이터를 수정한 뒤에 코드와 매뉴얼(manual)을 작성하게 될 것이다. 이때 개발 중인 패키지를 설치하고 라이브러리(library)에 불러와서 실행 결과를 확인하고 체크하는 과정을 거치게 된다. 이를 위해서는 `Build` 패널(`Environment`와 같은 페인(pane)에 있다.)에서 `install` 아이콘을 클릭하거나 `Ctrl/Cmd + Shift + B` 단축키를 통해 패키지를 설치하여 라이브러리에 불러오면 된다. 만약 코드나 데이터를 수정했다면 다시 같은 과정을 거치면 된다. 참고로 컴파일 코드를 사용하지 않고 패키지가 복잡한 경우 `devtools::load_all()`이 조금 더 효율적인 워크플로(workflow)를 제공할 수도 있지만 지금 단계에서는 큰 의미는 없을 것으로 보인다.

9.3 roxygen2를 이용한 문서화와 네임스페이스 관리

9.3.1 문서화 워크플로

R 패키지에는 코드와 데이터만 포함되는 것이 아니다. 매뉴얼 문서는 패키지의 핵심 구성요소이다. 잘 작성된 문서를 통해 배포된 패키지의 구성과 사용 방법을 설명하는 것은 좋은 패키지를 만드는 핵심 기술 중 하나이다. 공개 배포를 위한 패키지가 아니라고 하더라고 내부 공유에서 필수 기능을 문서화하거나 자기 자신이 나중에 코드를 확인하고 수정 및 활용하기 위해서도 문서 작성은 필수적인 작업이다. 코드에 주석을 통해서 이 작업을 수행할 수도 있지만 복잡한 구성 요소와 예제를 필요할 때 바로 확인하기 위해서는 매뉴얼 문서를 포함시키는 것이 훨씬 유용하다.

R을 이미 많이 사용해 본 학습자라면 `help()` 함수 혹은 `?`를 이용해서 사용하려는 함수나 데이터의 도움말을 확인해 본 경험이 많이 있을 것이다. 이 섹션에서는 패키지를 개발하는 입장에서 이러한 도움말을 어떻게 작성할 수 있는지 살펴본다. R에서는 문서화를 위한 표준적인 양식이 정해져 있다. 패키지를 생성하게 되면 `man/` 디렉터리를 확인할 수 있는데, 여기에 패키지에 포함되는 객체들에 대한 매뉴얼을 `.Rd` 형식으로 작성하여 추가할 수 있다. 이러한 매뉴얼 작성 작업을 수동으로 할 수도 있겠지만, 거의 항상 추천하는 방법은 `roxygen2` 패키지를 활용하는 접근이다. R 스크립트 파일에서 내보낼 함수 위에 `roxygen` 블록을 추가하고 함수의 인자

와 결과값 그리고 자세한 설명을 기술할 수 있고, 필요하다면 예제도 만들어서 포함시킬 수 있다. roxygen2는 객체의 문서화와 더불어 NAMESPACE와 DESCRIPTION 파일도 필요에 따라서 적절하게 관리해 준다.

roxygen을 사용하여 문서화를 수행하는 경우 코드와 문서 생성을 위한 주석이 하나의 덩어리로 같이 저장되게 된다. 문서화의 기본 워크플로는 다음과 같다. 뒤에서 설명할 특정한 태그(tag)를 가지는 roxygen 블록을 .R 파일에 추가한다. 그후 devtools::document() 함수를 실행하면 (단축키는 Crtl/Cmd + Shift + D이다.) 작성한 주석이 .Rd 파일로 변환되어 man/ 디렉터리에 저장된다. 이를 통해 개발 중인 패키지를 불러오는 경우에도 ?를 이용하여 매뉴얼을 확인할 수 있다. 패키지를 설치하는 과정에서 roxygen 문서화를 동시에 수행하고자 한다면 드랍다운 메뉴에 Build > Configure Build Tools 혹은 Tools > Project Options에서 Build Tools 패널로 이동한 후에 Generate documention with Roxygen을 체크하고 Configure..에서 빌드(build)하고 설치하는 과정에서 Automatically roxygenize when running 되도록 옵션을 설정해 주면 된다.

만약, CRAN에 올라온 패키지들처럼 패키지 전체에 대한 도움말을 레퍼런스 매뉴얼(reference manual) pdf 파일로 만들고 싶다면 터미널에서 R CMD Rd2pdf를 입력하거나 R에서 devtools 패키지의 devtools::build_manual()을 실행하면 man/*.Rd 파일을 기반으로 패키지 매뉴얼 pdf가 생성된다. 이렇게 생성한 매뉴얼은 배포 용도로 활용하지 않더라도 작성자 본인이 참고하거나 내부 공유 용도로 활용할 수 있어 큰 도움이 된다.

roxygen 블록을 작성하는 예시는 다음과 같다. #' @tag이름 설명 형식으로 작성해야 한다.

```
#' Sum of two numbers
#'
#' @param x first number (numeric)
#' @param y second number (numeric)
#' @return sum of two numbers (numeric)
#' @examples
#' add_numbers(3, 5)
#' @export
add_numbers = function(x, y)
```

```
{
  return(x + y)
}
```

작성된 함수에 적절한 roxygen 블록의 템플릿을 추가하기 위해 드랍다운 메뉴의 Code에서 Insert Roxygen Skeleton을 선택한 이후 편집을 진행하면 더 빠르게 작업을 진행할 수 있다.

자주 사용하는 태그(tag)는 아래의 표에서 확인할 수 있다.

태그	설명
@param	함수의 매개변수 설명
@return	함수의 반환값 설명
@examples	사용 예제 제공
@export	패키지 사용자에게 노출 (외부에서 사용 가능하게 설정)
@import package	다른 패키지의 함수 사용을 명시
@importFrom package function	특정 패키지의 특정 함수만 가져옴
@seealso	관련 함수 및 문서 참조
@details	함수에 대한 추가 설명
@author	함수 작성자 정보
@note	참고할 만한 추가 정보
@references	참고 문헌이나 자료
@concept	문서화 시 키워드 추가
@keywords	문서 검색을 위한 키워드 추가

이 외에도 매뉴얼 작성 과정에서 \code{\link{function}}, \code{\link[package]{function}} 형식으로 각각 패키지 내의 함수, 외부 패키지의 함수와 문서를 연결할 수 있으며, \url{}이나 \href{}을 통해 다른 웹 사이트와도 연결할 수 있다. 구체적인 태그의 사용 방법과 매뉴얼 작성 예시는 4부의 프로젝트 파트에서 살펴볼 수 있다.

필수는 아니지만 만약 특정 함수나 데이터가 아니라 패키지 전체에 대한 설명을 추가하려면 R/ 디렉터리 안에 mypackage.R 파일을 생성하여 아래와 같은 방식으로 작성할 수 있다.

```
#' mypackage: package for numerical operations.
#'
#' This package includes functions for performing basic numerical operations.
#'
#' @docType package
#' @name mypackage
NULL
```

이렇게 하면 패키지에 대한 .Rd 파일을 생성하여 ? 혹은 help()로 접근할 수 있다. 외부 패키지를 @import 해서 개발 중인 패키지 전체에서 사용한다면 이 파일에 roxygen 블록에 추가할 수도 있을 것이다.

9.3.2 네임스페이스의 관리

3장에서 설명한 것처럼 R에서 네임스페이스(namespace)는 함수, 객체, 및 데이터 등의 이름 충돌을 방지하고 캡슐화된 환경을 제공하는 시스템을 의미한다. 네임스페이스는 imports와 exports를 통해 패키지를 독립적인 환경으로 관리한다. 이름에서 짐작할 수 있듯이 imports는 외부 패키지에서 함수를 찾는 방법을 정의하고, exports는 현재 패키지의 함수 중 외부에서 접근 가능한 함수를 정의한다.

패키지를 위에서 설명한 방식대로 처음 생성했다면 아마도 NAMESPACE 파일은 다음과 같이 작성되어 있을 것이다.

```
exportPattern("^[[:alpha:]]+")
```

패키지를 방금 생성했기 때문에 외부 패키지에 대한 의존성이 없어 imports와 관련된 지시자는 없으며, 대신에 exportPattern 지시자 안에 정규 표현식(regular expression; regex)을 지정해 패턴과 일치하는 모든 함수를 내보낼 수 있도록 설정되어 있다. 만약 다음 섹션에서 설명하는 것처럼 Rcpp를 이용한 패키지를 작성한다면 이에 대한 의존성을 표현하는 지시자가 포함되어 있을 것이다.

imports 관련 지시자의 경우 import()를 사용해서 외부 패키지의 모든 함수를 가져와서 사용할 수도 있고, importFrom()을 통해 특정 함수만 불러오는 것도 가능하다. 보통 NAMESPACE를 직접 수정하는 것보다 roxygen2를 사용하여 관리하는 것이 추천된다. 이렇게 하면 devtools::document()를 활용한 문서화 과정에서 실수 없이 적절한 위치에 적절한 지시자를 포함하고 네임스페이스를 일관되게 관리할 수 있다. 특정한 외부 패키지, 혹은 외부 패키지의 속한 함수를 가져오는 경우 roxygen 블록에 #' @importFrom package function 형식으로 특정 패키지의 함수를 가져오거나 #' @import package 형식으로 패키지의 함수 전체를 가져올 수도 있다.

앞서 usethis::use_package() 함수를 통해 DESCRIPTION에 의존성을 추가하는 방식을 살펴보았다. NAMESPACE에서 imports 항목들을 관리하면 ::를 사용하지 않고 패키지 내부에서 사용할 수 있는 외부 함수를 제어할 수 있다. 이때 외부 패키지들은 DESCRIPTION에 Imports 혹은 Depends 필드에 포함되어 있어야 한다. 외부 패키지를 사용할 때 일반적으로 추천하는 방식은 DESCRIPTION에서 Imports 필드에 패키지를 추가한 이후 패키지이름::함수이름 형태로 불러와서 사용하는 것이라고 설명했지만, 반복적으로 사용하는 핵심 패키지나 함수들은 imports에 추가하여 편리하게 사용 가능하다. 비교적 간단한 구조의 패키지를 작성하고 충돌의 여지가 없다면 이 방법 또한 충분히 훌륭하고 편리한 방법이다.

exports는 외부로 내보낼 함수들을 관리한다. 패키지 내부에서 특정 계산에만 사용되고 외부 사용자가 접근할 필요가 없는 함수들은 내보내지 않고 숨길 수 있다. 이에 대해서는 상충된 의견이 존재하는 것 같다. 실제로 R 패키지를 작성하여 배포하거나, 소프트웨어 관련 저널에 논문을 투고하는 경우 상반된 리뷰를 받는 경우가 있다. 어떤 사람들은 모든 함수를 내보내고 매뉴얼화 하는 것을 요구하고, 또 다른 사람들은 최소한의 함수만 내보내는 것을 요구한다. 필자는 최소한의 함수만 내보내는 것을 원칙으로 한다. R 패키지는 필요한 경우 언제든지 사용자들이 소스 코드에 접근할 수 있기 때문에 불필요한 함수를 내보내서 사용자를 혼란스럽게 하거나 충돌을 야기할 필요가 없다고 생각한다. roxygen2를 사용하여 NAMESPACE를 관리하는 경우 roxygen 블록에 #' @export를 입력하여 내보낼 함수를 관리할 수 있다. 관련 예제는 4부에서 확인할 수 있다.

여기서 설명한 내용 외에 6장에서 설명한 OOP(Object-Oriented Programming) 컨셉에 기초하여 패키지를 작성하는 경우 어떤 시스템을 채택했는지에 따라서 NAMESPACE의 관리가 조금 복잡할 수 있다. 다만 R 사용자들에게 많은 경우 OOP는 주요한 도구가 아니기 때문에 여기서는 설명하지 않겠다. 필요한 경우 R packages (Wickham, Cetinkaya-Rundel, and Grolemund 2023) 책을 참고할 수 있다.

9.4 Rcpp를 활용한 패키지 개발

구현하고자 하는 패키지가 복잡한 계산을 수행하는 경우 속도 향상을 위해 컴파일 언어로 작성한 코드를 패키지에 포함시키는 것을 고려할 수 있다. 8장에서 설명한 것처럼 기존 코드를 재사용해야 하는 경우가 아니라면, 이 작업을 수행하기 위해 Rcpp를 사용하는 것이 거의 항상 최적의 접근 방법이다. Rcpp를 활용하는 패키지를 개발하려면 1장에서 설명한 바와 같이 프로젝트를 생성하는 과정에서 **R package using Rcpp**를 선택해 패키지의 구조를 만들 수 있다. 이렇게 하면 필요한 메타데이터 정보를 `DESCRIPTION` 파일과 `NAMESPACE` 파일에 자동으로 추가해 주고, `.gitignore` 파일을 설정하여 컴파일된 파일 저장을 막아준다. 그리고 C++ 코드를 저장할 수 있도록 `src/` 디렉터리를 추가해 주어서, 이 디렉터리에서 C++ 코드를 작성하고 관리하면 된다. 만약 기존의 작성 중인 R 패키지에서 Rcpp를 추가하고 싶다면, 수동으로 설정하는 것보다 `usethis` 패키지의 `usethis::use_rcpp()` 함수를 실행해 주면 된다. 이렇게 하면 프로젝트 구조와 메타데이터를 자동으로 업데이트 해준다. 필요에 따라서 `NAMESPACE`를 삭제 후 다시 만들거나, `roxygen` 블록에 추가해야 하는 명령어를 메세지에 따라 입력하면 쉽게 패키지 구조 설정이 가능하다.

패키지 내부에서 사용할 C++ 코드를 src/ 디렉터리 아래에 `.cpp` 파일로 작성한다. 예를 들어 `src/rcpp_functions.cpp` 파일을 만들고 다음과 같이 작성할 수 있다.

```
#include <Rcpp.h>
using namespace Rcpp;

// [[Rcpp::export]]
double add(double x, double y) {
  return x + y;
}

// [[Rcpp::export]]
NumericVector square(NumericVector x) {
  return x * x;
}
```

앞 장에서 설명한 것처럼 // [[Rcpp::export]]를 추가하여 Rcpp가 이 함수를 R에서 호출할 수 있도록 자동으로 처리한다. 참고로 roxygen2를 사용해서 C++ 함수의 매뉴얼을 작성하는 방법은 R 함수의 경우와 동일하다. 차이점은 주석(comment) 기호가 다르기 때문에 roxygen 블록을 작성할 때 //' @ 형태로 지정을 해 주어야 한다.

이렇게 코드를 관리하면 별도로 Rcpp::sourceCpp() 함수를 실행하지 않고 install 아이콘을 클릭하거나 Ctrl/Cmd + Shift + B 단축키를 통해 패키지를 빌드하여 설치한 이후 다음과 같이 C++로 작성한 함수를 바로 R에서 호출하여 사용 가능하다.

```
library(mycpppkg)

add(2, 3)        # 5 반환
square(1:5)      # c(1, 4, 9, 16, 25) 반환
```

여기서 mycpppkg에는 본인이 사용하고 있는 패키지 이름이 들어가면 된다. 이상의 설명을 참고하면 쉽게 Rcpp를 사용한 패키지를 제작할 수 있다. 11장에서는 이 내용을 바탕으로 라쏘(Lasso) 회귀 모형 패키지를 Rcpp 코드에 기초하여 작성해 볼 예정이다.

9.5 패키지 배포 과정의 이해

패키지를 배포하는 가장 간편한 방법은 GitHub을 이용하는 것이다. GitHub에 배포된 소스 패키지는 devtools::install_github("repo_address") 혹은 pak::pak("repo_address") 등의 패키지에 포함된 함수를 사용하여 누구나 쉽게 설치할 수 있다. 여기서 "repo_address"는 username/repo형식을 의미한다. 예를 들어 GitHub https://github.com/kybak90/BsplineReg 레포지토리(repository)에 배포된 10장에서 작성할 스플라인 회귀 적합 패키지를 설치한다면 devtools::install_github("kybak90/BsplineReg") 혹은 pak::pak ("kybak90/BsplineReg")와 같이 입력하면 된다.

혼자 사용하기 위한 패키지라면 상관이 없겠지만 보통의 경우 패키지에 대한 내용을 설명하기 위해 GitHub 레포지토리에 `README.md` 파일을 작성한다. 이를 통해 패키지의 설치 방법, 사용 방법, 예제 등을 상세하게 설명할 수 있다. R에서 이 작업을 용이하게 하기 위해서는 `usethis` 패키지의 `usethis::use_readme_rmd()`를 사용하는 것을 추천한다. 이렇게 하면 패키지에 적절한 템플릿의 `README.rmd` 파일이 추가되며 12장에서 살펴본 R Markdown 포맷을 이용하여 R 코드와 그림 등을 자유롭게 포함하여 편집할 수 있다. 이 파일을 다시 `README.md`로 변환하여 푸시(push)하기 위해서는 `devtools` 패키지의 `devtools::build_readme()`를 실행한 이후 커밋(commit)하고 푸시하면 된다. 이러한 접근을 사용하면 `README.md` 파일 상단에 `<!-- README.md is generated from README.Rmd. Please edit that file -->` 주석이 포함되어 `README.rmd`를 통해 편집하라는 것을 상기시켜주며, `.git/hooks/pre-commit`가 추가되어 `README.rmd`를 업데이트했다면 `devtools::build_readme()`를 실행 후 커밋하라고 알려준다. 구체적인 `README` 파일 작성 예제는 10장과 11장에서 살펴보겠다.

CRAN에 패키지를 제출하고자 하는 경우 조금 더 엄격한 양식을 지켜야 한다. 내보낸 모든 함수에 대한 적절한 문서화가 필요하며, 메타데이터의 작성과 인용 등 모든 부분도 CRAN에서 정한 양식을 따라주어야 한다. 정확한 가이드라인은 https://cran.r-project.org/submit.html에서 `CRAN policies`를 참고하면 되며, CRAN 제출을 위한 각종 유용한 팁은 R packages (Wickham, Cetinkaya-Rundel, and Grolemund 2023) 책을 참고할 수 있다. 가장 중요한 부분은 `R CMD check`를 통과하는 건데, `devtools::check()`를 실행해서 나오는 모든 `error`, `warning`, `note`를 확인한 이후 모두 해결해서 제출 주석 파일 (e.g. cran-comments.md)와 함께 제출하면 된다. `note`의 경우 모두 수정하지 않아도 괜찮지만 이에 대한 설명과 설득이 필요하기 때문에 가능하면 모두 해결해서 제출하는 편이 편리하다. 패키지를 CRAN에 제출할 목적이 아니라고 하더라도 `error`와 `warning`은 해결해 주는 편이 좋다. 혼자서 사용할 목적이라면 문서화 과정은 생략할 수도 있겠지만, `error`와 `warning`은 해결해 주면 패키지를 더 안전한 형태로 유지할 수 있으며 협업(미래의 자기 자신도 주요 협업자이다.) 과정을 원활하게 해준다.

최초로 제출한 패키지는 사람이 수동으로 검사하는 과정이 필요하므로 게재까지 시간이 조금 필요할 수 있다. 수정 요청이 이메일로 오면 그에 맞춰서 필요한 내용을 수정 혹은 설명해 주면 되고, 이후에 패키지를 업데이트할 때는 `DESCRIPTION` 파일에서 버전을 변경하여 관리하고 다시 제출하는 과정을 거치면 된다. pkgdown 패키지를 이용하면 패키지를 설명하는 웹사이트를 손쉽게 제작하여 패키지 설명에 추가할 수 있다. 이상의 문서화 및 메타데이터 관리 내용에 대한 실제 예를 보고 싶다면 필자가 작성한 패키지의 GitHub 레포지토리 https://github.com/kybak90/spheresmooth와 CRAN 페이지 https://cran.r-project.org/web/packages/spheresmooth/index.html를 참고할 수 있다.[22]

22) 이 패키지는 R journal에 출판된 (Jhong et al. 2025) 논문에서 다루고 있는 패키지이다.

IV부

R 프로그래밍 프로젝트

10장

프로젝트 I: 스플라인 회귀 적합 패키지 구현

4부에서는 그 동안 학습한 내용을 바탕으로 통계학 방법론을 구현하는 패키지(papckage)를 제작해 보려고 한다. 첫 번째 프로젝트(project)에서는 5장의 내용을 바탕으로 스플라인(spline) 회귀 적합을 수행하는 패키지를 작성한다. 이전 장에서 구현한 코드를 기반으로 패키지화를 진행하므로 코드에 대한 자세한 설명보다는 패키지 작성의 워크플로(workflow)를 중점적으로 살펴본다. 첫 번째 프로젝트의 완성본 코드는 https://github.com/kybak90/BsplineReg에서 확인할 수 있다. 실습 중간에 어떤 블록에 어떤 코드가 추가되는지 헷갈린다면 완성된 패키지를 참고하면 된다.

10.1 패키지의 기능과 구조

패키지를 제작하기 위해서는 패키지의 기능과 구조를 명확히 하고 어떤 코드와 데이터, 문서를 패키지에 포함시킬지 결정해야 한다. 5장의 내용을 리뷰해 보면 스플라인 회귀 모형은 비선형(nonlinear) 회귀 함수를 추정하기 위해 사용하는 방법론으로 스플라인 기저 함수(basis function)가 생성하는 비선형 함수의 공간에서 회귀 함수를 근사하는 것을 목적으로 한다. 주어진 매듭점 시퀀스(knot sequence)

$$T = \{t_0, t_1, \ldots, t_m\},\ \ t_0 \le t_1 \le \ldots \le t_m$$

위에서 정의된 일반적으로 d차 B-스플라인의 기저 함수는 d가 0인 경우 아래와

같이 주어지며,

$$B_{i,0}(x)=\begin{cases}1, & t_i \le x < t_{i+1} \\ 0, & otherwise\end{cases}$$

보다 높은 차수의 B-스플라인은 다음과 같은 재귀적 관계로 정의된다.

$$B_{i,d}(x)=\frac{x-t_i}{t_{i+d}-t_i}B_{i,d-1}(x)+\frac{t_{i+d+1}-x}{t_{i+d+1}-t_{i+1}}B_{i+1,d-1}(x)$$

기저 함수의 선형 결합(linear combination)으로 계산되는 회귀 함수 추정량은

$$\hat{f}(x)=\sum_{j=1}^{J}\hat{\beta}_j B_{j,d}(x)$$

형태로 주어지며, 이때 계수(coefficients) $\beta=(\beta_1,\ldots,\beta_J)$는 다음과 같이 계산된다.

$$\hat{\beta}=(G^{\top}G)^{-1}G^{\top}y.$$

여기서 G는 설계 행렬(design matrix)를 의미한다.

우리는 데이터가 주어졌을 때 예측변수와 반응변수 사이의 관계를 규명하는 회귀 함수 추정 패키지를 작성하고자 한다. 이를 위해서 데이터와 매듭점 시퀀스를 입력받아 $\hat{\beta}$를 계산하고, 새로운 x 값을 활용하여 예측 값 $\hat{f}(x)$를 계산하고 시각화하는 기능이 필요하다.

10.2 스플라인 회귀 적합 구현

5장에서 작성한 함수들을 아래 표로 정리할 수 있다. 구체적인 코드 5장 또는 이번 장의 마지막 섹션에서 확인할 수 있다.

기능	설명
`b_spline()`	B-스플라인 기저 함수 값을 계산하는 함수
`create_design_matrix()`	데이터에 대해 설계 행렬을 생성하는 함수
`fit_spline()`	최소제곱추정법(LSE)을 적용하여 회귀 계수를 계산하는 함수
`predict_spline()`	새로운 데이터에 대한 예측을 수행하는 함수
`plot_spline()`	결과를 시각적으로 표현하는 함수

이 장의 패키지는 실제로 배포하기 위해 작성하는 것은 아니지만 그럼에도 불구하고 이 프로그램은 사용하는 과정에서 약간의 불편함이 있다는 것을 짐작할 수 있다. 패키지의 사용자 입장에서 가장 불편한 점은 매듭점 시퀀스를 직접 정하고, 스플라인 관련 지식을 활용해 경계 매듭점(boundary knots)을 직접 추가한 이후 함수에 입력해야 한다는 점이다. 한 가지 해결 방법은 메뉴얼(manual)과 예외 처리를 통해서 올바른 매듭점 시퀀스에 입력을 유도하는 것이지만 사용이 불편한 것은 마찬가지이다.

이 부분을 보완하기 위해서 우선 내부 매듭점(interior knots)을 입력받아 자동으로 경계 매듭점을 더해서 사용하는 보조 함수를 아래와 같이 작성할 수 있다.

```
add_boundary_knots = function(x, interior_knots, degree = 3, tiny = 1e-5)
{
  knots = c(rep(min(x) - tiny, degree + 1), interior_knots,
            rep(max(x) + tiny, degree + 1))
  return(knots)
}
```

이 함수를 코드에 포함시켜 수정하면 사용자가 내부 매듭점만 입력하더라도 자동으로 적절한 매듭점 시퀀스를 생성하여 사용할 수 있다. 이때 `fit_spline()` 함수는 아래와 같이 수정할 수 있을 것이다.

```
fit_spline = function(x_values, y_values, interior_knots, degree)
{
  knots = add_boundary_knots(x_values, interior_knots, degree)
  G = create_design_matrix(x_values, knots, degree)
  beta = solve(t(G) %*% G) %*% t(G) %*% y_values
  return(list(beta = beta, knots = knots, degree = degree))
}
```

하지만 사용자가 내부 매듭점을 입력하지 못하는 경우에 자동으로 매듭점 시퀀스를 설정할 수 있다면 더 활용성이 높을 것이다. 매듭점의 선택은 스플라인 추정량의 성능을 결정하는 핵심 요소이다. 매듭점 선택을 위한 다양한 방법론이 존재하지만(벌점화 방법론에 기반한 매듭점 선택에 관한 논문들은 (Bak et al. 2021)를 참고할 수 있다.) 여기서는 간단하게 데이터 분포의 분위수를 이용하여 매듭점을 배치하는 방법을 선택해 보겠다. 이렇게 하면 원하는 기저 함수의 개수(dimension)에 맞춰 데

이터를 기반으로 매듭점의 위치를 자동 선택할 수 있다.[23)]

```
knots_quantile = function(x, dimension, degree = 3)
{
  dimension = max(dimension, degree + 1)
  number_interior_knots = dimension - degree - 1
  if (number_interior_knots > 0)
    probs = (1 : number_interior_knots) / (number_interior_knots + 1)
  else
    probs = NULL

  interior_knots = quantile(x, probs, type = 1)
  return(interior_knots)
}
```

이 함수를 `fit_spline()`과 적절히 조합하여 모든 과정을 자동화할 수도 있고 별도로 메뉴얼로 관리하여 매듭점 시퀀스를 만들기 어려워하는 사용자에게 제공해 줄 수도 있다. 여기서는 후자의 방식을 택하겠다. 작성한 함수들이 잘 작동하는지 아래 예제 코드를 통해 확인할 수 있다. `knots_quantile()` 함수를 사용해서 내부 매듭점을 생성한 이후 `fit_spline()` 함수로 넘긴 것을 확인할 수 있다.

```
Library(ggplot2)

set.seed(923)
n = 30

x_values = sort(runif(n, 0, 1))
y_values = sin(2 * pi * x_values) + cos(4 * pi * x_values) +
  rnorm(n, sd = 0.2)

# spline degree specification
degree = 3

# knot generation
num_interior_knots = 5
interior_knots = knots_quantile(x_values, num_interior_knots)
```

23) 여기서 작성하는 코드는 스플라인 방법론 구현 관점에서 기술적인 몇몇 단점들이 존재한다. 최적의 구현이 아니라 예시를 위해 코드를 다양하게 변경해 보고 있다는 점을 기억하기 바란다.

```
# model fitting
model = fit_spline(x_values, y_values, interior_knots, degree)

grid_x = seq(min(x_values), max(x_values), length.out = 100)
plot_spline(x_values, y_values, model, grid_x)
```

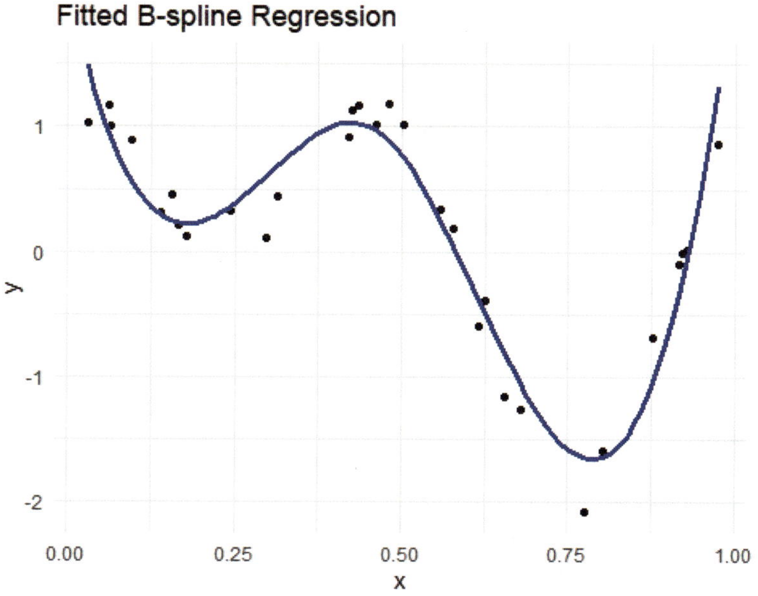

실제로 패키지를 CRAN(The Comprehensive R Archive Network)에 올려 배포하고 싶다면 조금 더 많은 기능과 예외 처리가 필요하겠지만, 여기서는 연습 용도 패키지이므로 위 코드들을 패키지화해 보려고 한다. 적절한 이름을 지어주고 (이 책에서는 패키지의 이름을 `BsplineReg`로 정했다) 패키지 프로젝트를 생성한 이후 `R/` 폴더에 위에서 작성한 함수들을 스크립트(script)로 저장한다. 스크립트는 여러 개로 나누어서 작성해도 되고 하나의 스크립트에 함수를 모두 포함시켜도 괜찮다.

10.3 메타데이터 관리

1장에서 설명한 것처럼 프로젝트 생성을 하면서 **R package**를 선택하거나, 패키지 개발을 용이하게 해 주는 도구들을 모아둔 `devtools` 패키지를 통해 `devtools::`

create("경로/패키지이름") 형태로 패키지를 생성하게 되면 기본적인 패키지의 구조와 메타데이터 관리를 위한 파일들을 자동으로 생성해준다. 패키지 작성 과정에서는 devtools를 사용하는 것이 좋다.

```
library(devtools)
```

plot_spline() 함수가 ggplot2 패키지를 사용하고 있기 때문에 이 의존성을 추가하기 위해서 devtools 패키지를 불러온 이후 use_package("ggplot2")를 실행한다. 이렇게 하면 자동으로 DESCRIPTION의 올바른 위치에 패키지가 추가된다.

DESCRIPTION 파일의 예시는 다음과 같다.

```
Package: BsplineReg
Title: Bspline Regression Estimation
Version: 0.1.0
Authors@R: c(
    person(
      "Kwan-Young", "Bak",
      email = "kybak@sungshin.ac.kr",
      role = c("aut", "cre")
    )
  )
Description: Fitting a regression spline estimator based on B-spline basis
License: GPL (>= 2)
Encoding: UTF-8
LazyData: true
Imports:
    ggplot2
```

네임스페이스(namespace)를 관리하기 위해 외부에서 사용 가능하도록 내보낼 함수를 지정해야 한다. 실습 패키지는 매우 간단한 형태이므로 모든 함수를 내보내도 무방하겠지만 연습을 위해 fit_spline(), preditc_spline(), plot_spline(), knots_quantile() 함수만 내보내기로 해보자. 앞선 장에서 설명한 것처럼 이 경우 R 스크립트에서 각 함수의 위에 roxygen 블록에 #' @export를 추가하면 된다. 추가로 plot_spline() 위에 rxoygen 블록에 #' @import ggplot2를 추가해서 ggplot2의 함수를 사용하겠다고 명시해준다. 참고로 외부 패키지를 사용할 때 일반적으로 추천하는 방식은 DESCRIPTION에서 Imports 필드에 패키지를 추가한 이후 패키지이름::함수이름 형태로 불러와서 사용하는 것이다. 만약 반복적으로 사용하는 함수가 있다면 #' @import 패키지이름 함수이름 형태로 함수를 가져와서 사용할 수 있다. 우리는 간단한 패키지를 작성하고 있고 충돌 가능성이 없으므로 ggplot2 패키지를 통째로 가져오겠지만, 이 방식은 일반적으로 권장되지는 않는다. 자동 생성된 NAMESPACE파일은 삭제하면 되고, devtools::document()를 실행하면 roxygen2 패키지를 이용하여 작업중인 패키지 문서화와 함께 NAMESPACE도 자동으로 작성해준다. NAMESPACE 파일의 예시는 다음과 같다.

```
# Generated by roxygen2: do not edit by hand
export(fit_spline)
export(knots_quantile)
export(plot_spline)
export(predict_spline)
import(ggplot2)
```

10.4 예제 데이터 추가

패키지를 작성하고 공유 또는 배포하는 과정에서 데이터를 포함시키는 경우가 많이 있다. 특히 예제 데이터를 포함한 응용 사례를 공유하면 패키지의 사용 방법과 유용성을 효과적으로 전달할 수 있다. 이러한 데이터는 data/ 디렉터리에 추가하면 된다. 일반적으로 .RData (혹은 .rda) 파일이 용량이 작고 빠르기 때문에 특별한 이유가 없다면 이 형식을 맞춰주면 된다. R에서 save() 함수를 이용해서 객체를 R 바이너리 파일 형식으로 저장할 수 있다. 경우에 따라서 적절한 의존성을 DESCRIPTION에 추가해줄 필요가 있을 것이다. 이 모든 과정을 쉽게 처리하는 방법은 devtools 패키지에 use_data() 함수를 사용하는 것이다.

우리는 특별한 데이터를 가지고 있지 않기 때문에 연습을 위해서 위에서 생성한 x_values와 y_values를 예제 데이터로 사용해 보려고 한다.

```
df = data.frame(x = x_values, y = y_values)
use_data(df)
```

이렇게 하면 데이터가 data/에 저장되고 패키지 구조가 자동으로 업데이트 되는 것을 확인할 수 있다. 참고로 데이터도 내보내지는 객체이기 때문에 완성도 있는 패키지를 위해서는 문서화할 수 있다. 이때는 R/data.R 스크립트를 만들고 roxygen 블록에 정보를 추가할 수 있다.

DESCRIPTION 파일에 LazyData: true 부분이 데이터를 불러와서 사용하는 과정에서 역할을 하게 된다. 이 필드가 true로 되어 있는 경우 데이터가 패키지 로드(load) 시 바로 같이 로드되지 않고, 사용하는 경우에만 로드할 수 있어 불필요하게 메모리를 차지하지 않는다. 기본적으로 항상 LazyData: true를 포함한다고 이해해도 좋다.

10.5 메뉴얼 작성과 배포

패키지를 문서화하기 위해서는 roxygen2 패키지를 활용한다. 예시로 작성한 간단한 함수 메뉴얼은 다음과 같다.

```
B_spline = function(x, knots, degree, i) {
  # Base case: 0th degree (piecewise constant)
  if (degree == 0) {
    return(ifelse(knots[i] <= x & x < knots[i + 1], 1, 0))
  }

  # Recursive case: degree > 0
  B_i_d1 = b_spline(x, knots, degree - 1, i)
  B_i1_d1 = b_spline(x, knots, degree - 1, i + 1)

  denom1 = knots[i + degree] - knots[i]
  denom2 = knots[i + degree + 1] - knots[i + 1]
```

```r
  term1 = if (denom1 == 0) 0 else
    ((x - knots[i]) / denom1) * B_i_d1
  term2 = if (denom2 == 0) 0 else
    ((knots[i + degree + 1] - x) / denom2) * B_i1_d1

  return(term1 + term2)
}

create_design_matrix = function(x_values, knots, degree)
{
  n = length(x_values)  # Number of data points
  num_basis = length(knots) - degree - 1  # Number of basis functions
  design_matrix = matrix(0, nrow = n, ncol = num_basis)  # Initialize matrix

  for (j in 1:num_basis)
    for (i in 1:n)
      design_matrix[i, j] = b_spline(x_values[i], knots, degree, j)

  return(design_matrix)
}

add_boundary_knots = function(x, interior_knots, degree = 3, tiny = 1e-5)
{
  knots = c(rep(min(x) - tiny, degree + 1), interior_knots,
           rep(max(x) + tiny, degree + 1))
  return(knots)
}

#' Generating interior knots sequence for given data points
#'
#' This function computes a knot sequence based on the quantiles of the
  data points
#'
#' @param x Numeric vector representing data points
#' @param dimension Numeric value indicating the number of basis functions
#' @param degree Numeric value representing the spline degree
#'
#' @return Numeric vector with interior knots sequence
#'
#' @export
#'
```

```
#' @examples
#' x = runif(50, 0, 1)
#' knots = knots_quantile(x, 5, 3)
#' print(knots)
knots_quantile = function(x, dimension, degree = 3)
{
  dimension = max(dimension, degree + 1)
  number_interior_knots = dimension - degree - 1
  if (number_interior_knots > 0)
    probs = (1 : number_interior_knots) / (number_interior_knots + 1)
  else
    probs = NULL

  interior_knots = quantile(x, probs, type = 1)
  return(interior_knots)
}

#' Fitting regression spline estimator
#'
#' This function computes the coefficients spline regression estimator.
#'
#' @param x_values,y_values Numeric vectors
#' @param interior_knots Numeric vector representing interior knots sequence.
    It can be obtained from \code{\link{knots_quantile}} function based on
    the given x points.
#' @param degree Numeric value indicating the spline degree
#'
#' @return List containing the spline coefficients estimates, knots sequence,
    spline degree
#'
#' @examples
#' set.seed(923)
#' n = 30
#' x_values = sort(runif(n, 0, 1))
#' y_values = sin(2 * pi * x_values) + cos(4 * pi * x_values) +
  rnorm(n, sd = 0.2)
#' #spline degree specification
#' degree = 3
#' # knot generation
#' num_interior_knots = 5
#' interior_knots = knots_quantile(x_values, num_interior_knots)
```

```r
#' # model fitting
#' model = fit_spline(x_values, y_values, interior_knots, degree)
#' print(model)
#'
#' @export
fit_spline = function(x_values, y_values, interior_knots, degree)
{
  knots = add_boundary_knots(x_values, interior_knots, degree)
  G = create_design_matrix(x_values, knots, degree)
  beta = solve(t(G) %*% G) %*% t(G) %*% y_values
  return(list(beta = beta, knots = knots, degree = degree))
}

#' Predicting the values of y for given x based on the spline estimator
#'
#' This function computes the predicted values of y for given x based on
   the spline estimator.
#'
#' @param model List object obtained from the \code{\link{fit_spline}}
#'
#' @param new_x Numeric vector representing a grid of evaluation points
#'
#' @return Numeric vector with predicted values at new_x
#'
#' @export
predict_spline = function(model, new_x)
{
  G_new = create_design_matrix(new_x, model$knots, model$degree)
  y_pred = G_new %*% model$beta
  return(y_pred)
}

#' Plotting spline estimator with scatter plots
#'
#' This function provides a plot of the spline estimator with data points
#'
#' @param x_values,y_values Numeric vector
#' @param model List object obtained from the \code{\link{fit_spline}}
#' @param grid_x Numeric vector with a grid of evaluation points
#'
#' @export
```

```
#' @import ggplot2
plot_spline = function(x_values, y_values, model, grid_x)
{
  y_pred = predict_spline(model, grid_x)
  data_plot = data.frame(x = x_values, y = y_values)
  spline_plot = data.frame(x = grid_x, y = y_pred)

  ggplot() +
    geom_point(data = data_plot, aes(x, y), color = "black") +
    geom_line(data = spline_plot, aes(x, y), color = "blue", linewidth = 1.2)
+
    labs(title = "Fitted B-spline Regression", x = "x", y = "y") +
    xlim(c(min(x_values), max(x_values))) +
    theme_minimal()
}
```

여기에서는 패키지 자체에 대한 도움말 페이지는 따로 작성하지 않았다. 필요하다면 패키지 전체에 대한 도움말을 `BsplineReg.R` 스크립트에 추가할 수 있으며, 이 경우 roxygen 블록에 @docType package, @name BsplineReg, NULL (패키지에 해당하는 객체가 없으므로 NULL 객체를 문서화한다.)을 순서대로 입력하고 전반적인 도움말을 기술할 수 있다. 이 경우 패키지 수준에서 접근하는 `#' @import ggplot2`를 이 파일에 추가하는 것이 자연스러울 수 있다. `devtools:: document()` 함수를 이용해 `man/` 디렉터리에 메뉴얼을 생성하고 패키지를 빌드(build)하여 불러오면 도움말을 확인할 수 있다. 예를 들어 그림 10.1에서 `?predict_spline` 명령어로 확인할 수 있는 `predict_spline()` 함수의 도움말을 볼 수 있다.

또한, `example(fit_spline)`을 실행하면 아래와 같이 예제 코드가 실행되고 결과를 확인할 수 있을 것이다. 참고로 패키지를 CRAN에 제출하고자 한다면 모든 예제 코드가 5초 안에 실행되어야 한다. 코드를 실행하지 않는 `\dontrun`이나 예제의 간소화가 필요할 수 있다. 이 제한 시간은 작성자의 로컬 컴퓨터가 아닌 CRAN에 먼지 쌓인 머신으로 실행하는 결과이므로 주의해야 한다.

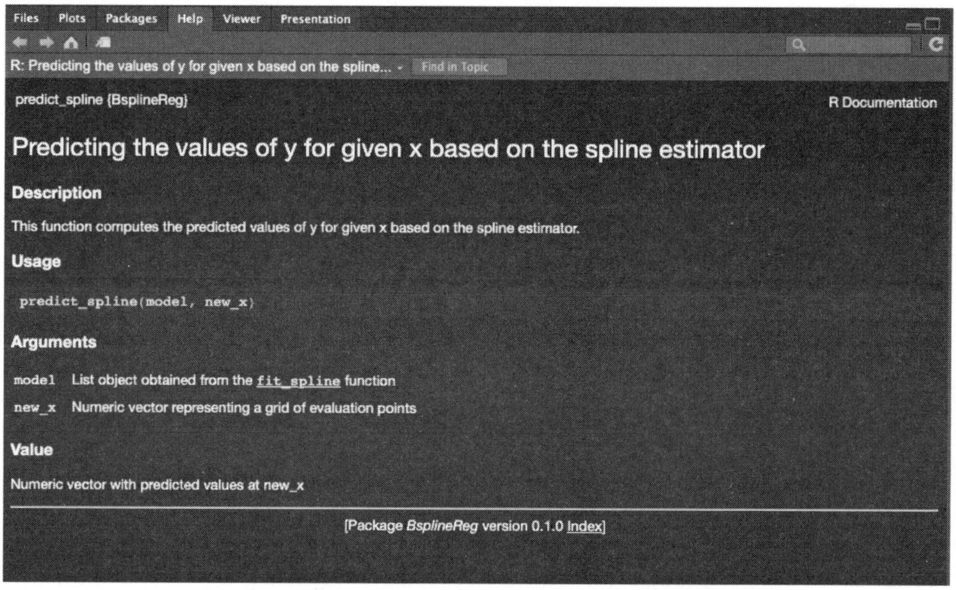

그림 10.1 predict_spline() 함수의 도움말

```
> example("fit_spline")

ft_spl> set.seed(923)

ft_spl> n = 30

ft_spl> x_values = sort(runif(n, 0, 1))

ft_spl> y_values = sin(2 * pi * x_values) + cos(4 * pi * x_values)
                   + rnorm(n, sd = 0.2)

ft_spl> #spline degree specification
ft_spl> degree = 3

ft_spl> # knot generation
ft_spl> num_interior_knots = 5

ft_spl> interior_knots = knots_quantile(x_values, num_interior_knots)

ft_spl> # model fitting
ft_spl> model = fit_spline(x_values, y_values, interior_knots, degree)

ft_spl> print(model)
```

```
$beta
         [,1]
[1,]  1.489703
[2,] -1.306058
[3,]  4.761338
[4,] -4.820893
[5,]  1.324609

$knots
                                                       50%
0.02991489   0.02991489   0.02991489   0.02991489   0.46213577   0.97337138
0.97337138   0.97337138   0.97337138

$degree
[1] 3
```

앞선 장에서 설명한 것처럼 패키지 전체에 대한 도움말을 레퍼런스 메뉴얼(reference manual) pdf 파일로 만들고 싶다면 터미널에서 `R CMD Rd2pdf`를 입력하거나 R에서 `devtools` 패키지의 `devtools::build_manual()`을 실행하면 `man/*.Rd` 파일을 기반으로 패키지 메뉴얼 pdf가 생성된다. (BsplineReg GitHub 레포지토리에서 결과를 확인 가능하다.)

9장에서 설명한 것처럼 패키지를 배포하는 가장 간편한 방법은 GitHub을 이용하는 것이다. https://github.com/kybak90/BsplineReg에서 완성된 스플라인 회귀 적합 패키지를 다운로드하여 설치한다면 `devtools::install_github("kybak90/BsplineReg")` 혹은 `pak::pak("kybak90/BsplineReg")`와 같이 입력하면 된다. 패키지에 대한 내용을 설명하기 위해 GitHub 레포지토리에 `README.md` 파일을 작성하는 것이 좋다. 이를 통해 패키지의 설치 방법, 사용 방법, 예제 등을 상세하게 설명할 수 있다. 역시 9장에서 설명한 것처럼 `usethis` 패키지의 `usethis::use_readme_rmd()`를 사용하여 `README.rmd` 파일을 R Markdown을 이용해 작성할 수 있으며, `devtools::build_readme()`를 실행한 이후 커밋(commit)하고 푸시(push)하면 된다. 우리가 작성한 패키지의 경우 위에서 함수가 잘 작동하는지 확인하기 위해 사용했던 예제를 여기에 포함할 수 있을 것이다. 예시로 작성한 `README.rmd`과 `README.md` 파일, 그리고 이 파일이 GitHub에 어떻게 표시되는지는 https://github.com/kybak90/BsplineReg에서 확인할 수 있다.

11장

프로젝트 II: 라쏘 회귀 적합 패키지 구현

두 번째 프로젝트(project)에서는 통계학과 머신러닝 분야에서 사용되는 대표적인 벌점화(penalization) 방법론 중 하나인 라쏘(lasso) 회귀 모형의 적합을 수행하는 패키지를 제작해볼 것이다. 이를 통해 방법론의 구현과 패키지 제작까지 전체 과정을 연습하고 리뷰할 수 있기를 기대한다. 두 번째 프로젝트의 완성본 코드는 https://github.com/kybak90/LassoReg에서 확인할 수 있다.

11.1 라쏘 회귀 모형의 이해

이번 장에서는 라쏘 회귀(Lasso Regression, Least Absolute Shrinkage and Selection Operator Regression) 모형을 적합하는 패키지를 작성해본다. 라쏘 회귀는 선형 회귀 모델의 일종으로, l_1 벌점화 방법을 선형 회귀모형의 적용한 방법으로 Tibshirani (1996) 논문에서 제안된 이후 통계학 및 머신러닝 분야에서 가장 널리 사용되는 벌점화 방법론 중 하나로 자리잡았다.

라쏘 회귀 방법론은 변수 선택과 계수의 희소성(sparsity)을 동시에 수행하는 특징을 갖는다. 이는 비용 함수에 l_1 정규화 항을 추가함으로써 이루어진다. 일반적인 선형 회귀 모델은 최소제곱법(OLS, Ordinary Least Squares)을 사용하여 잔차 제곱합을 최소화하는 방식으로 계수를 추정하지만, 라쏘 회귀는 여기에 추가적으로 계수의 절댓값 합에 대한 패널티 항을 도입하여 일부 회귀 계수를 0으로 만든다. 이로 인해 불필요한 변수들이 자동으로 제거되며, 모델의 해석 가능성이 높아진다.

라쏘 회귀의 핵심적인 요소 중 하나는 정규화 강도를 조절하는 조절 모수(tuning parameter) λ이다. 이 값이 클수록 패널티가 강해져 더 많은 계수가 0이 되며, 값이 작아질수록 일반적인 선형 회귀와 유사한 결과를 보인다. 이를 통해 모델이 복잡해지는 것을 방지하고 과적합을 줄이는 효과를 얻을 수 있다. 특히 고차원(high-dimensional) 데이터에서 중요한 변수를 선택하는 데 유용하며, 다중공선성이 존재하는 경우에도 효과적으로 활용할 수 있다.

라쏘 회귀는 변수 선택과 정규화를 동시에 수행하는 장점이 있어 경제학, 생물정보학, 유전학 등의 분야에서 널리 사용된다. 특히 다수의 독립 변수를 다룰 때 해석 가능성을 높이고 모델을 간결하게 만들 수 있어 연구 및 실무에서 유용하게 적용된다.

구체적으로 데이터가 $\{y_i, x_{i1}, \ldots, x_{ip}\}_{i=1}^{n}$ 형태로 주어지고, y_i는 반응 변수, $x_i = (x_{i1}, \ldots, x_{ip})$는 예측 변수라고 하면, 라쏘 회귀 추정량은

$$\hat{\beta} = \underset{b \in \mathbb{R}^{p+1}}{\text{argmin}} \sum_{i=1}^{n} (y_i - b_0 - b_1 x_{i1} - \cdots b_p x_{ip})^2 + 2\lambda \sum_{j=1}^{p} |b_j|$$

로 정의되며, 여기서 $|\beta|_1 = \sum_{j=1}^{p} |\beta_j|$ 부분이 희소성을 부여하는 l_1 벌점항이다. 이러한 형태의 최적화(optimization) 문제는 통계학 및 머신러닝에서 가장 많이 사용되는 형태 중 하나이다. 이 장에서는 좌표 하강(coordinate descent) 알고리즘을 이용하여 이 최적화 문제를 푸는 알고리즘을 Rcpp를 활용해 작성하고 패키지화해 보려고 한다.

11.2 좌표 하강 알고리즘의 이해

좌표 하강 알고리즘은 목표 함수를 최소화하는 값을 찾기 위해 하나의 변수(또는 때때로 변수 블록)를 갱신(update)하는 방식으로 작동한다. 이 방법의 이름은 갱신이 좌표(또는 좌표 블록) 방향을 따라 수행된다는 점에서 유래한다. 좌표 하강 알고리즘은 직관적인 개념과 다재다능함 덕분에 최근 통계학과 머신러닝에서 가장 널리 사용되는 알고리즘 중 하나가 되었다. 예를 들어 경사 하강법(gradient descent)이나 뉴턴-랩슨(Newton-Raphson) 방법과 달리, 이 방법은 목표 함수가 매끄럽지 않더라

도 해당하는 일변수 문제를 해결할 수 있는 경우에는 적용할 수 있다.

좌표 하강법에는 여러 가지 변형이 있기 때문에 종종 서로 다른 알고리즘을 지칭하기도 한다. 본 섹션에서는 알고리즘의 가장 단순한 형태인 일변수 최적화 문제의 순차적인 최소화를 다룬다. 최소화할 목표 함수 $g: \mathbb{R}^p \rightarrow \mathbb{R}$ 가 주어져 있고, 현재 변수의 값이 $\tilde{z} = (\tilde{z}_1, \ldots, \tilde{z}_p)$라고 하자. 우리는 다음과 같은 일변수 함수를 고려한다.

$$g_j(z_j) = g(\tilde{z}_1, \ldots, \tilde{z}_{j-1}, z_j, \tilde{z}_{j+1}, \ldots, \tilde{z}_p).$$

좌표별 갱신 공식은 다음과 같은 형태를 가진다.

$$\tilde{z}_j \leftarrow \underset{z_j \in \mathbb{R}}{\operatorname{argmin}}\ g_j(z_j) \ \text{ for } \ j = 1, \cdots, p.$$

만약, 일변수 함수의 정확한 최소화가 불가능한 경우, 다른 최적화 기법을 좌표별로 적용할 수도 있다. 알고리즘은 각 좌표를 순환적으로 갱신하며, 갱신된 값과 기존 값의 차이가 충분히 작아질 때까지 반복된다. 좌표하강 알고리즘의 수렴성 및 통계학 문제의 응용 사례는 각각 Tseng (2001) 논문과 Friedman et al. (2007) 논문을 참고할 수 있다.

우리는 좌표 하강 알고리즘을 이용하여 라쏘 회귀 추정량을 계산하고자 한다. 설명의 편의를 위해 절편(intercept) 항이 없는 회귀 모델을 고려한다.[24] 절편 항은 쉬운 공식으로 계산할 수 있어 코드 뒤쪽에 추가하겠다. 최소화할 목적 함수(objective function)는 다음과 같다.

$$\sum_{i=1}^{n} (y_i - b_0 - b_1 x_{i1} - \cdots b_p x_{ip})^2 + 2\lambda \sum_{j=1}^{p} |\beta_j|.$$

좌표 하강 알고리즘을 위한 갱신 공식을 얻기 위해, 다음 결과를 활용한다.

$$\underset{z \in \mathbb{R}}{\arg\min} (z^2 - 2az + 2\lambda |z|) = \mathrm{ST}(a, \lambda). \tag{11.1}$$

여기서 ST는 소프트-쓰레쉬홀딩 연산자(soft-thresholding operator)로 다음과 같이 정의된다.

24) 절편 항을 0으로 수축하는 것은 의미가 없으므로, l_1 패널티는 일반적으로 나머지 계수에만 부과된다.

$$\mathrm{ST}(a,\lambda)=\begin{cases} a-\lambda & when\ a>\lambda \\ 0 & when\ |a|\le\lambda \\ a+\lambda & when\ a<-\lambda. \end{cases}$$

이 결과는 $a>\lambda>0$, $a<-\lambda<0$, 그리고 $|a|<\lambda$인 경우를 각각 고려하여 포물선의 대칭축을 기준으로 검토하면 쉽게 확인할 수 있다. b_j를 제외한 나머지 변수가 고정되어 있을 때 목적 함수를 l_j^λ라고 하면 다음이 성립한다.

$$\begin{aligned} l_j^\lambda(b_j) &= \sum_{i=1}^n \left[y_i-\left(\tilde\beta_1 x_{i1}+\cdots+\tilde\beta_{j-1}x_{i,j-1}+b_j\ x_{ij}+\tilde\beta_{j+1}x_{i,j+1}+\cdots+\tilde\beta_p x_{ip}\right)\right]^2 \\ &\quad +2\ \lambda\left|b_j\right|+2\lambda\sum_{k\neq j}\left|\tilde\beta_k\right| \\ &= \sum_{i=1}^n\left[r_{ij}-b_j x_{ij}\right]^2+\ 2\ \lambda\left|b_j\right|+C \\ &\quad \text{for}\quad r_{ij}=\ y_i-\left(\tilde\beta_1 x_{i1}+\cdots+\tilde\beta_{j-1}x_{i,j-1}+\tilde\beta_{j+1}x_{i,j+1}+\cdots+\tilde\beta_p x_{ip}\right) \\ &= b_j^2\sum_{i=1}^n x_{ij}^2+2b\sum_{i=1}^n r_{ij}x_{ij}+2\lambda\left|b_j\right|+C \\ &= \sum_{i=1}^n x_{ij}^2\left(b_j^2-2\frac{\sum_{i=1}^n r_{ij}x_{ij}}{\sum_{i=1}^n x_{ij}^2}b_j+2\frac{\lambda}{\sum_{i=1}^n x_{ij}^2}|b_j|\right)+C \end{aligned}$$

여기서 C는 b_j와 무관한 항을 의미한다. 따라서 식 11.1을 적용하면 l_j^λ를 최소화하는 값을 다음과 같이 주어진다.

$$\mathrm{ST}\left(\frac{\sum_{i=1}^n r_{ij}x_{ij}}{\sum_{i=1}^n x_{ij}^2},\frac{\lambda}{\sum_{i=1}^n x_{ij}^2}\right)$$

이 업데이트 공식을 알고리즘이 수렴할 때까지 반복적으로 적용하면 라쏘 회귀 추정량을 계산할 수 있다.

11.3 R을 이용한 구현

패키지를 Rcpp로 작성하는 경우에도 R로 미리 코딩해 보는 경우가 많다. R은 디버깅(debugging)이 간편하고 코딩 속도가 빠르기 때문에 프로토타입을 작성해서 원하는 기능들을 확인해 보고, 계산 속도의 향상이 필요한 부분을 Rcpp로 작성하는 것이 일반적인 워크플로(workflow)라고 할 수 있다. 우선 업데이트 공식 적용 과정에서 사용할 소프트-쓰레쉬홀딩 연산자(soft-thresholding operator)를 R로 작성하면 아래와 같이 간단하게 작성이 가능하다.

```
ST = function(z, lambda)
{
  if (z > lambda) return(z - lambda)
  if (z < -lambda) return(z + lambda)
  return(0)
}
```

이제 좌표 하강 알고리즘을 통한 추정량 계산에 앞서 수도 코드(pseudo code) 형태로 입력과 출력 및 논리 구조를 확인해 보면 아래와 같다.

```
# 데이터 행렬 X와 응답 변수 y가 주어질 때
# 초기화:
#    - 샘플 개수 n과 특성 개수 p를 설정
#    - 회귀 계수 벡터 beta를 0으로 초기화
#    - 잔차 벡터 r을 y로 설정
#    - 이전 회귀 계수 벡터 beta_old를 beta로 초기화

for iter in 1 to max_iter:
    max_change = 0  # 변화량 추적 변수 초기화

    for j in 1 to p:
        X_j = X의 j번째 열  # 현재 특성 선택
        X_j_norm2 = ||X_j||^2  # X_j의 제곱합 계산
        # soft-thresholding 적용을 위한 값 계산
        rho = sum(X_j * r) + X_j_norm2 * beta[j]

        beta_old[j] = beta[j]  # 이전 계수 저장
        # LASSO CDA 업데이트 수행
        beta[j] = soft-thresholding(rho / X_j_norm2, lambda / X_j_norm2)

        # 잔차 업데이트
        r = r + X_j * (beta_old[j] - beta[j])
```

```
        # 가장 큰 변화량 추적
        max_change = max(max_change, |beta[j] - beta_old[j]|)

    if max_change < tol:  # 변화량이 허용 오차 이하라면 종료
        break

return beta  # 최적화된 계수 반환
```

알고리즘의 종료 조건은 두 가지로 주고 있는데, 하나는 지정한 최대 반복 횟수 **max_iter** 만큼 반복이 수행된 경우이고 나머지 하나는 알고리즘이 충분히 수렴하여 더 이상 계수 값의 변화가 없을 때이다.

위 알고리즘을 그대로 R 코드로 옮겨보면 다음과 같다.

```
lasso_cda_r = function(X, y, lambda, max_iter = 1000, tol = 1e-6)
{
  n = nrow(X)
  p = ncol(X)
  beta = rep(0, p)
  r = y  # 잔차 벡터
  beta_old = beta

  for (iter in 1:max_iter)
  {
    max_change = 0

    for (j in 1:p)
    {
      X_j = X[, j]  # X의 j번째 열 추출
      X_j_norm2 = sum(X_j^2)  # ||X_j||^2 계산
      rho = sum(X_j * r) + X_j_norm2 * beta[j]

      beta_old[j] = beta[j]
      beta[j] = ST(rho / X_j_norm2, lambda / X_j_norm2)

      r = r + X_j * (beta_old[j] - beta[j])  # 잔차 업데이트
      max_change = max(max_change, abs(beta[j] - beta_old[j]))
    }
```

```
    if (max_change < tol) break
  }

  return(beta)
}
```

이렇게 매우 손쉽게 고급 통계 방법론을 R로 구현할 수 있다. `lasso_cda_r()` 함수와 `ST()` 함수는 `lasso_cda_prototype.R` 파일로 패키지 `R/` 디렉터리(directory)에 저장하고 빌드(build)하여 사용할 것이다.

작성한 코드가 예상한 것처럼 불필요한 계수를 0으로 추정해 주는지 확인하기 위해서 간단한 시뮬레이션 데이터를 준비할 수 있다. 이런 코드는 패키지 작동을 위한 구성요소가 아니기 때문에 `R/` 디렉터리 대신 다른 디렉터리를 만들어서 작성하고 실험할 수 있다. 필자는 `work/` 디렉터리에 `simulation.R` 스크립트(script)로 저장해 두었다.

시뮬레이션의 기본 설정은 다음과 같다.

```
set.seed(42)

n = 100    # 샘플 개수
p = 10     # 변수 개수
sparsity = 5  # 실제로 신호를 갖는 변수 개수 (나머지 계수는 0)
sigma = 1  # 노이즈 크기
lambda = 8  # Lasso 페널티 파라미터
```

전체 10개 변수 중 계수가 0이 아닌 신호(signal) 변수 5개, 계수가 0인 잡음(noise) 변수 5개를 사용할 예정이다. λ는 임의로 8로 고정하였다. 회귀 모형으로부터 데이터를 생성하기 위해 아래 코드를 실행하였다.

```
X = matrix(rnorm(n * p), n, p)  # X ~ N(0,1)
beta_true = rep(0, p)           # 초기값 (모든 계수를 0으로 설정)
# 일부 변수만 신호 부여
beta_true[sample(1:p, sparsity)] = runif(sparsity, 1, 3)
y = X %*% beta_true + rnorm(n, 0, sigma)  # y 생성
```

```
# 라쏘 회귀 추정량 계산
beta_hat = lasso_cda_r(X, y, lambda)
# 결과의 평가
beta_true # 실제 회귀 계수
 [1] 0.000000 0.000000 0.000000 2.979931 2.668319 0.000000 1.876987 0.000000
 [9] 2.399806 2.778154
beta_hat # 추정된 회귀 계수
 [1] 0.000000 0.000000 0.000000 2.930644 2.634685 0.000000 1.650487 0.000000
 [9] 2.351528 2.870227
```

결과를 보면 실제 데이터 생성에 사용된 `beta_true`와 추정량 `beta_hat`이 유사한 값을 가지는 것을 볼 수 있다. 특히 잡음(noise) 변수에 해당하는 계수를 모두 0으로 찾아주어 변수 선택 기능이 잘 작동한다는 것을 확인할 수 있다.

11.4 Rcpp를 이용한 구현

이제 작성한 `lasso_cda_r()` 함수를 그대로 Rcpp를 활용하여 구현해 보려고 한다. 라쏘 회귀 모형과 같이 희소성을 부여하는 방법론은 변수의 개수가 많은 고차원 데이터에 많이 응용한다. 변수의 개수가 많은 경우 이 개수를 따라서 반복이 실행되는 좌표하강 알고리즘은 속도가 오래 걸릴 수 있어, C++로 작성하는 편이 유리하다. C++ 코드는 아래와 같이 작성하여 src/ 디렉터리에 `lasso_cda.cpp`로 포함시켰다.

```
#include <Rcpp.h>
using namespace Rcpp;

// [[Rcpp::export]]
double soft_threshold(double z, double lambda) {
  if (z > lambda) return z - lambda;
  if (z < -lambda) return z + lambda;
  return 0.0;
```

```
}

// [[Rcpp::export]]
NumericVector  lasso_cda_cpp(NumericMatrix  X,  NumericVector  y,  double
lambda,                          int max_iter = 1000, double tol = 1e-6) {
  int n = X.nrow(), p = X.ncol();
  NumericVector beta(p, 0.0);
  NumericVector X_j(n);
  NumericVector r = clone(y);
  double beta_old, max_change;

  for (int iter = 0; iter < max_iter; iter++) {
    max_change = 0.0;

    for (int j = 0; j < p; j++)
    {
      for (int i = 0; i < n; i++)
      {
        X_j[i] = X(i, j);
      }

      double X_j_norm2 = sum(X_j * X_j);
      double rho = sum(X_j * r) + X_j_norm2 * beta[j];
      beta_old = beta[j];

      beta[j] = soft_threshold(rho / X_j_norm2, lambda / X_j_norm2);

      r = r + X_j * (beta_old - beta[j]);
      max_change = std::max(max_change, std::abs(beta[j] - beta_old));
    }

    if (max_change < tol) break;
  }
  return beta;
}
```

코드에서 Rcpp의 내장된 기능을 통해 NumericVecotr의 모든 요소 값을 더해 주는 sum() 함수와, *를 통한 NumericVecotr 간 요소별 곱(elementwise product) 계산을 수행한 것을 확인할 수 있고, std::를 통해 C++ 표준 라이브러리(standard library)에 포함된 기본 함수들을 불러와서 사용하는 것을 알 수 있다.

Rcpp로 함수를 변환했으므로 기존의 코드와 같은 결과가 도출되는지 확인해야 한다. 이를 위해 패키지를 빌드한 이후 위에서 만들어 놓은 데이터를 활용하여 R함수와 C++ 함수를 비교하면 다음과 같이 동일한 결과가 나오는 것을 확인할 수 있다.

```
lasso_cda_r(X, y, lambda = lambda)
 [1] 0.000000 0.000000 0.000000 2.930644 2.634685 0.000000 1.650487 0.000000
 [9] 2.351528 2.870227
lasso_cda_cpp(X, y, lambda = lambda)
 [1] 0.000000 0.000000 0.000000 2.930644 2.634685 0.000000 1.650487 0.000000
 [9] 2.351528 2.870227
```

지금은 절편 항이 없는 모형을 적합하고 있지만 앞서 얘기한 것처럼 절편 항은 별도의 정규화가 필요 없으므로 $\hat{\beta}_0 = \overline{Y} - \sum_{j=1}^{p} \hat{\beta}_j x_j$ 공식으로 계산 가능하다. 여기서 바(bar) 기호는 표본 평균을 의미한다. 또한 보통 벌점화 방법론은 정규화의 효과가 동등하게 작동하도록 하기 위해 변수를 표준화한 이후 진행한다. 이 경우 표준화한 데이터를 위에서 구현한 함수에 입력하여 계산을 수행하고 그 결과를 다시 원래의 단위로 변환해준 값이 최종 추정량이 된다. 이러한 세부 사항을 추가로 코드에 포함시켜 보려고 한다. 추가적인 사항들은 C++ 코드에 포함을 시켜도 되고 R 코드로 작성하여도 된다. 여기서는 R 코드로 작성해 보려고 한다. 그 이유는 우선 R 코드 사이에 반복 연산이 필요한 부분만 Rcpp로 구현하여 통합하는 워크플로를 보여주기 위한 목적도 있고, R에서 `scale()`과 같은 내장(built-in) 함수를 사용하게 되면 이미 컴파일(compile) 언어로 작성된 코드를 불러와서 사용하므로 C++로 작성하여도 계산 상의 이점이 별로 없기 때문이다. 최종적으로 좌표 하강 알고리즘에 사용할 코드는 다음과 같다.

```
lasso_cda = function(X, y, lambda, max_iter = 1000, tol = 1e-6)
{
  # 표준화
  X_scaled = scale(X, center = TRUE, scale = TRUE)
  y_mean = mean(y)
  y_scaled = y - y_mean

  # Rcpp를 이용해 coordinate descent 실행
  beta_standardized = lasso_cda_cpp(X_scaled, y_scaled, lambda,
                                    max_iter, tol)
```

```
  # 원래 스케일로 변환
  X_means = attr(X_scaled, "scaled:center")
  X_sds = attr(X_scaled, "scaled:scale")

  beta_original = beta_standardized / X_sds
  intercept = y_mean - sum(beta_original * X_means)

  return(list(beta = beta_original, intercept = intercept))
}
```

여기서 `lasso_cda_cpp()`는 위에서 C++로 작성한 코드인데, 위와 같이 R 코드에 포함시켜 사용할 수 있다. 이 코드는 `R/lasso_cda.R`로 패키지에 포함시켰으며, `src/lasso_cda.cpp`와 함께 빌드하여 사용할 수 있다.

11.5 배포 및 확장 가능성

라쏘 회귀 적합 패키지도 이전 장에서와 마찬가지로 GitHub을 이용하여 쉽게 배포할 수 있다. 패키지에 대한 내용을 설명하기 위해 GitHub 레포지토리에 `README.md` 파일을 작성할 수 있다. `usethis::use_readme_rmd()`를 통해 생성된 `README.rmd`에 기존 시뮬레이션 코드를 약간 변형하여 예제를 추가하고 `devtools::build_readme()`를 실행한 이후 커밋하고 푸시(push)하면 패키지를 소개하는 `README.md`를 쉽게 생성할 수 있다. 완성된 패키지는 https://github.com/kybak90/LassoReg에서 확인할 수 있다.

이 패키지는 실제로 데이터 분석 과정에서 사용하기에는 여러 불편한 점이 있다. 가장 큰 문제점은 조절 모수 λ의 값을 사용자가 직접 정해 주어야 한다는 것이다. 실제 배포를 생각한다면 패키지를 확장하여 값을 데이터를 바탕으로 자동으로 정할 수 있게 해 주는 모듈을 추가할 필요가 있다. 보통 이 과정은 의 후보 값을 여러개 생성한 이후 모든 값에서 라쏘 회귀 추정량을 계산하고 AIC(Akaike Information Criterion), BIC(Bayesian Information Criterion) 등 모형 선택 기준을 통해 최적 값을 찾는 방식으로 구한다. 이때 라쏘 휘귀 추정량을 여러번 계산하는 과정의 효율성을 높이기 위해 이전 에서 계산한 추정량을 초기값(initial value)로 사용하는 웜 스타트(warm start) 방식을 주로 사용한다. 또한 라쏘 회귀 추정량에 대한 다양한 통계적 추론 기능을 추가할 수 있다. 이러한 기능을 추가하여 패키지를 확장하는 것은 좋은 학습 경험이 될 것이라 생각한다.

V부

커뮤니케이션과 애플리케이션 개발

12장

R Markdown과 Quarto 기초

12.1 R Markdown과 Quarto의 이해

R을 활용한 통계 분석과 데이터 과학 작업에서는 결과를 단순히 계산하거나 도출하는 것을 넘어 이를 효과적으로 전달하고 공유하는 것이 중요하다. 특히 실무나 연구에서 분석 과정을 문서화하고, 코드의 결과물을 통합하여 명확히 제시하는 능력은 생산성을 높이고 협업을 원할하게 만드는 데 핵심적인 역할을 한다. 이때 R Markdown과 Quarto는 이러한 작업을 지원하는 강력한 도구로, 코드, 설명, 결과물을 하나의 문서로 통합해 정리하는 과정을 매우 간단하게 만들어 준다.[25] 예를 들어 그래프나 데이터 프레임과 같은 시각적 자료를 별도로 저장하지 않고도 문서 내부에서 바로 관리할 수 있어 작업 시간을 절약하고 재현성을 높일 수 있다. 또한 PDF, HTML, Word, PowerPoint 등 다양한 형식으로 문서를 출력할 수 있어, 실무와 연구의 요구 사항에 유연하게 대응할 수 있다.

R Markdown은 현재 R 커뮤니티에서 표준에 가깝게 활발히 활용되고 있다. 기본적인 Markdown에 기반한 보고서 작성 이외에도 다양한 패키지 및 도구와 결합하여 발표 슬라이드, 책, 웹 페이지 제작 등에 R Markdown을 활용할 수 있다. Quarto는 이러한 작업들을 위한 표준적인 프레임워크를 제공한다. `_quarto.yml` 설정 파일을 통해 여러 `.qmd` 파일을 통합하고, 책과 같은 구조화된 문서를 생성할 수 있다. 따라서 별도의 패키지를 추가로 설치할 필요 없이 Quarto만으로 완결된 워크플로를

25) R Markdown 파일의 확장자는 `.rmd`이고, Quarto 파일의 확장자는 `.qmd`이다.

구성할 수 있다는 장점이 있다. 또한 R 외에 다른 데이터 과학 언어와도 결합할 수 있어 향후 더 활용 가치가 높을 것으로 생각한다. 둘 사이에 몇 가지 주요 차이점은 아래와 같다.

1. **지원 언어**

- R Markdown: 주로 R 언어를 중심으로 설계되었으며, Python, SQL 등 일부 언어도 지원한다.
- Quarto: 언어에 구애받지 않으며 R, Python, Julia, Observable 등 다양한 언어를 자유롭게 지원한다.

2. **유연성**

- R Markdown: RStudio 기반으로 동작하며, 설정과 커스터마이징이 비교적 제한적이다.
- Quarto: 독립형 도구로 설계되어 있으며, YAML 설정과 확장성 있는 커스터마이징을 제공한다.

3. **출력 형식**

- R Markdown: PDF, HTML, Word 등 일반적인 문서 형식으로 출력할 수 있다.
- Quarto: R Markdown의 출력 형식을 모두 지원하며, 책, 블로그, 웹사이트 등 더 다양한 형식의 출력이 가능하다.

4. **프로젝트 관리**

- R Markdown: 개별 문서 중심으로 작업하며, 여러 문서를 연결하는 기능이 제한적이다.
- Quarto: 다중 문서와 프로젝트를 체계적으로 관리할 수 있는 기능을 제공한다.

5. **커뮤니티와 생태계**

- R Markdown: RStudio와 긴밀하게 연결된 생태계를 제공하며, 주로 R 사용자에게 친숙하다.
- Quarto: 더 광범위한 언어와 사용자 그룹을 겨냥하여 확장된 생태계를 제공한다.

Quarto는 R Markdown에서 확장된 기능과 유연성을 제공하며 Python과 같은 다양한 언어에 대해 문서화 프레임워크를 제공하고 프로젝트 작업을 보다 체계적으로 지원하는 도구이다. 이러한 확장된 기능은 통상적으로 R Markdown과 별도의 패키지를 통해 구현해 왔지만 Quarto는 통합적 기능을 자체적으로 제공한다. 하지만 R Markdown에 익숙한 사용자들이 Quarto를 사용하기 위해서 별도로 노력을 많이 기울일 필요는 없다. 실제로 R Markdown의 문법은 거의 그대로 Quarto에서 성립하기 때문에 필요시 헤더(header)를 약간 수정하는 작업만으로도 기존의 R Markdown 파일을 활용할 수 있다.[26] 따라서 이 책에서는 코드를 포함한 문서를 작성하기 위한 표준 Markdown 문법을 위주로 설명을 진행하고자 한다.

12.2 R Markdown과 Quarto 시작하기

RStudio 상단 탭에서 **File > New file > R Markdown**를 선택하면 자동으로 `rMarkdown` 패키지가 다운 받아지고 원하는 출력 형태를 지정하면 단일 `.rmd` 파일을 만들 수 있다. 혹은 아이콘 메뉴에서 ⊕ 아이콘을 클릭하고 `R Markdown`을 선택하여 생성할 수도 있다. 이때 RStudio에서는 새로운 R Markdown 생성을 위해 그림 12.1에서 확인할 수 있는 것처럼 간단한 템플릿을 제공한다. HTML과 PDF가

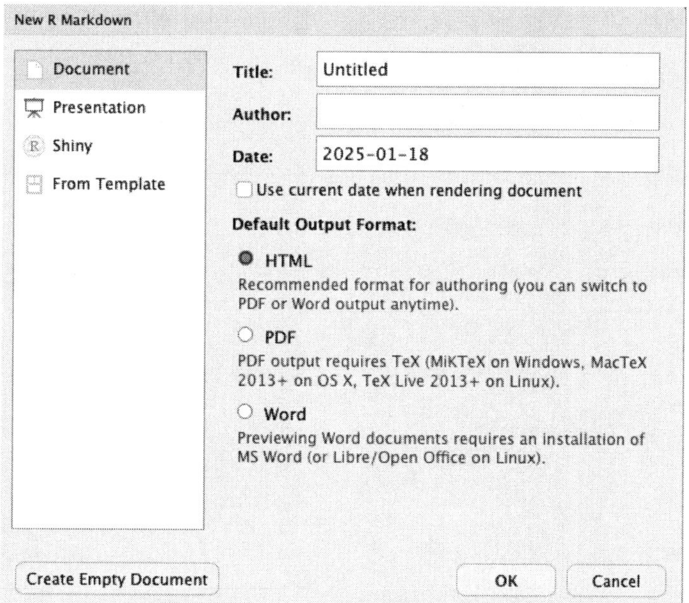

그림 12.1 R Markdown 파일 생성

26) `.rmd` 파일을 `.qmd`로 확장자를 변환하고 필요한 경우 약간의 헤더 수정 작업만 해주면 된다. 이때의 헤더는 문서의 메타데이터와 출력 형식을 지정하는 역할을 한다. C++의 헤더와 이름은 같지만 기능과 형식이 전혀 다르다.

그림 12.2 Quarto 아이콘 메뉴

가장 많이 사용되는 포맷(format)이지만 다른 문서 템플릿과 프레젠테이션 형식의 슬라이드 템플릿도 제공한다. 여기서 문서의 제목과 저자 등 기본적인 사항을 입력하고 생성을 하면 별도의 헤더 작성 없이 바로 코드와 상호작용이 가능한 인터랙티브(interactive) 문서를 작성할 수 있다.

Quarto 문서의 템플릿도 유사한 방식으로 생성 가능하다. 위와 같은 드랍다운 메뉴나 아이콘 메뉴에서 새로운 파일을 만들 때 `Quarto Document`를 생성할 수 있다. Quarto 문서를 생성하기 위한 옵션 중에는 `Editor` 옵션으로 `Use visual markdown editor`의 체크박스가 있을 것이다. Visual 에디터는 Source 에디터와 다르게 식이나 그림 등 여러 결과를 눈으로 확인하며 작업할 수 있게 해주므로 초보자가 사용하기 편리하다. 다만 기존 Markdown 문법에 익숙하거나 여러 학습 자료를 참고하여 공부하기를 원한다면 체크박스를 해제하고 Source 에디터를 사용하여 코드로 작업하는 것을 추천한다. 이미 문서를 생성한 이후에도 그림 12.2에서 아이콘 메뉴 좌측 하단에서 `Source`와 `Visual`을 클릭하여 에디터의 종류를 바꿀 수 있다. 이 책에서는 `Visual` 에디터의 기능을 별도로 설명하지는 않는다.

Quarto를 활용하면 단순한 보고서 외에도 책, 웹사이트, 블로그 작성 등의 프로젝트를 손쉽게 관리할 수 있다. RStudio에서는 이러한 프로젝트를 위한 템플릿도 제공한다. 상단 메뉴에서 `File > New Project`를 선택하거나 아이콘 메뉴에서 아이콘을 클릭하여 프로젝트를 생성할 때 Quarto 프로젝트의 종류를 선택할 수 있고, 프로젝트를 생성하면 기본적인 템플릿과 헤더 파일을 제공해주므로 문서 양식을 바로 확인해 볼 수 있다.

템플릿을 사용하여 파일을 생성하고 문서에 내용을 작성한 이후, R Markdown 문서의 경우 `(Knit)` 아이콘, Quarto 문서의 경우 `(Render)` 아이콘을 클릭하여 문서를 생성할 수 있다. 문서 작성에서 사용할 코드 청크를 삽입하기 위해서는 아이콘을 클릭하거나 이에 해당하는 문법을 직접 입력하면 된다. 해당 아이콘들에 마우스를 올려놓으면 호버링(hovering) 효과로 단축키를 보여주므로 참고해서 사용하면 된다. 참고로 R Markdown 혹은 Quarto 파일을 템플릿으로부터 생성하면 간단한 예제와 설명이 포함되어 있으므로, 처음 사용하는 경우 이를 참고하여 문서 작성을 시작하면 된다.

12.3 R Markdown 기초

HTML 포맷을 사용하는 경우 `.rmd`의 일반적인 구조는 다음과 같다.

```
---
title: "example1"
date: "2025-01-08"
output: html_document
---
```{r setup, include=FALSE}
knitr::opts_chunk$set(echo = TRUE)
```
Generate random sample
```{r random sampling}
n = 100
X = rnorm(n)
```
`r n`개의 sample 생성
Histogram
```{r visualization, echo=FALSE}
hist(X)
```
```

위 문서는 YAML 헤더와 청크로 구성되었다.

- **YAML 헤더:** ---로 시작하며 ---으로 끝나고 각 항목은 키: 값으로 구성된다. 문서의 제목(title), 출력 형식(output), 작성 날짜(date) 등을 정의한다.
- **코드 청크:** 3개의 백틱과 {r}로 열고 3개의 백틱으로 끝난다. 코드를 실행하고 그 결과를 문서에 포함한다.
- **본문:** Markdown 문법으로 작성된 텍스트와 인라인 코드를 포함한다.

이처럼 `.rmd`에서는 코드와 텍스트 그리고 실행을 통합할 수 있다. 상단의 `Knit` 버튼을 누르거나 `crtl/cmd + shift + k` 단축키를 사용하면 출력된 문서를 확인할 수 있다.

12.3.1 R Markdown 텍스트 사용법

12.3.1.1 기본 텍스트 서식

Markdown 문법을 활용하여 텍스트의 기본적인 서식을 지정할 수 있고 기본적으로 제목, 목록, 링크, 강조와 같은 서식을 간단한 Markdown 문법으로 적용할 수 있다. 예를 들어 #으로 시작하는 제목 문법을 통해 문서의 계층 구조를 명확히 만들고, *텍스트*나 **텍스트**를 사용해 텍스트를 기울이거나 굵게 강조할 수 있다.

```
# 대제목
## 소제목
### 세부 제목
*이탤릭체* 또는 _이탤릭체_
**볼드체** 또는 __볼드체__
- 아이템 1
- 아이템 2
    + 아이템 2a
    + 아이템 2b
1. 순서 있는 아이템 1
2. 순서 있는 아이템 2
    * 아이템 2a
    * 아이템 2b
```

12.3.1.2 링크와 이미지

링크와 이미지는 간단한 Markdown 문법을 사용하여 삽입할 수 있으며 링크 삽입 시 `[링크 텍스트](URL)` 형식을 사용한다. 예를 들어 `[R Markdown 공식 문서](https://rMarkdown.rstudio.com)`라고 작성하면 `R Markdown 공식 문서`라는 텍스트가 해당 URL로 연결된다. 이메일 링크는 `[문의하기](mailto:example@example.com)`과 같이 작성하여 클릭 시 이메일 클라이언트를 열도록 설정할 수 있다. 이미지는 `![이미지 설명](이미지 경로 또는 URL)` 형식을 사용해 삽입하고 `[![이미지 설명](이미지 경로)](URL)`를 이용하면 이미지를 클릭하여 링크로 연결할 수 있다.

12.3.1.3 인라인 코드

텍스트 안에 동적으로 R 코드를 삽입할 수도 있다. 백틱 안에 아래와 같이 코드를 포함하면, 변수나 계산 결과가 텍스트에 자동으로 반영된다.

```
n = 100
```

위 코드와 같이 코드 청크에서 n=100을 생성했을 때 문서에서 n을 활용하려면 아래와 같이 입력할 수 있다.

```
현재 샘플 크기는 `r n`입니다.
```

위 코드는 n = 100일 경우, 현재 샘플 크기는 100입니다.라고 출력된다. 이러한 인터랙티브 방식의 장점은 코드에서 n의 값이 바뀌더라도 문서를 수정할 필요 없이 자동으로 문서가 업데이트 된다는 점이다. 또한 R Markdown에서 수식을 작성할 때는 LaTeX 문법을 사용할 수 있어 수학적 표현이나 통계 모델을 효과적으로 문서에 포함할 수 있다.

12.3.1.4 표 작성

표 작성 역시 다음과 같은 Markdown 문법으로 간단히 구현할 수 있다.

```
First Header  | Second Header
------------- | -------------
Content Cell  | Content Cell
Content Cell  | Content Cell
```

결과는 다음과 같이 출력된다.

First Header	Second Header
Content Cell	Content Cell
Content Cell	Content Cell

상단 메뉴의 **Help > Markdown Quick Reference**를 참고하면 더 자세한 내용을 확인할 수 있다.

12.3.2 R Markdown 코드 청크 사용법

R Markdown에서 코드 청크는 분석 코드를 문서에 포함하고 실행 결과를 표시하

기 위해 사용한다. 청크 이름은 선택적으로 지정할 수 있으며, 분석 과정에서 청크를 구분하거나 디버깅할 때 유용하다. 각 청크는 문서 내에서 고유한 이름을 가져야 하며, 이를 통해 청크를 효과적으로 식별할 수 있다.

```
```{r chunk_name, options}
# R 코드 작성
```
```

12.3.2.1 코드 청크 옵션

코드 청크에는 다양한 옵션을 설정하여 코드 실행 방식과 출력 형식을 제어할 수 있다. 주요 옵션은 다음과 같다.

1. `echo`: 코드 표시 여부를 제어한다.
   - 기본값은 TRUE로, 코드와 실행 결과가 모두 출력된다.
   - FALSE로 설정하면 실행 결과만 출력된다.

2. `eval`: 코드 실행 여부를 제어한다.
   - TRUE(기본값)로 설정하면 코드를 실행하고 결과를 출력한다.
   - FALSE로 설정하면 코드를 실행하지 않고 문서에 코드만 표시한다.

3. `message`: 코드 실행 중 발생하는 메세지 표시 여부를 설정한다.
   - 기본값은 TRUE이며, FALSE로 설정하면 메세지를 숨긴다.

4. `warning`: 코드 실행 중 발생하는 경고 메세지 표시 여부를 제어한다.
   - 기본값은 TRUE이며, FALSE로 설정하면 경고 메세지를 숨긴다.

5. `results`: 코드 실행 결과의 표시 형식을 설정한다.
   - `"hide"`로 설정하면 결과를 숨긴다.
   - `"asis"`로 설정하면 결과를 텍스트로 그대로 출력한다.

예를 들어, 아래와 같이 echo=FALSE를 설정하면 실행 결과인 그래프만 출력하고, 코드는 표시되지 않는다.

```
```{r, echo=FALSE}
plot(cars)
```
```

12.3.2.2 문서 전체 기본 청크 설정

문서 전체의 기본 청크 설정은 setup 청크에서 지정할 수 있다. 예를 들어 모든 청크에서 코드 표시를 숨기고, 메세지와 경고를 숨기려면 다음과 같이 설정한다.

```
```{r setup}
knitr::opts_chunk$set(echo = FALSE, message = FALSE, warning = FALSE)
```
```

setup이라는 이름은 설정과 관련된 청크임을 명확히 나타내기 때문에 관례적으로 사용된다. setup을 명시적으로 사용하지 않더라도 출력 옵션을 지정할 수 있지만, 가독성을 높이고 다른 청크와 종속성을 쉽게 관리하면서 팀 협업이나 복잡한 문서 작성 과정에서 혼란을 줄이기 위해서 이를 사용하는 편이 더 좋다. 다만, 이후 여러 문서를 통합할 때 청크 이름이 중복될 수 있으므로 유의해야 한다.

12.3.2.3 표 출력

표를 본문에 직접 작성할 수도 있지만, R 코드로 데이터 프레임을 생성한 후 이를 표로 출력할 수 있다. 다음은 knit::kable를 사용한 코드와 결과이다.

```
```{r}
knitr::kable(head(cars), caption = 'Cars Dataset')
```
```

• Cars Dataset

speed	dist
4	2
4	10
7	4
7	22
8	16
9	10

12.3.3 YAML 헤더

R Markdown 문서의 최상단에는 **YAML 헤더**가 위치하며, 문서의 메타데이터(제목, 작성자, 출력 형식 등)를 정의하고 이를 통해 다양한 출력 양식을 제공한다. **YAML 헤더**는 ---로 시작하고 ---로 끝나며 내부에는 키:값 형식으로 설정 정보를 작성한다.

12.3.3.1 HTML과 PDF

```
---
title: '문서 제목'
author: '작성자 이름'
date: '`r format(Sys.time(), "%d %B, %Y")`'
output:
  html_document
    theme: cerulean
    toc: true
    toc_depth: 2
---
```

`r format(Sys.time(), '%d %B, %Y')`는 현재 날짜를 “일 월(영문) 연도” 형식으로 동적으로 표시하는 코드이다. `toc`는 HTML 문서에 목차를 표시할지 여부를 설정하며, `toc_depth`는 표시할 목차의 계층 깊이를 지정한다. theme는 HTML 문서의 전반적인 스타일과 디자인 테마를 설정한다. 다음은 PDF 출력 형식이다.

```
---
title: '문서 제목'
header-includes:
  - \usepackage{kotex}
output:
  pdf_document:
    number_sections: true
    latex_engine: xelatex
---
```

PDF 형식은 LaTeX을 기반으로 생성되므로, 시스템에 LaTeX 배포판(예: TinyTeX, TeX Live, MiKTeX)이 설치되어 있어야 한다. `header-includes`는

LaTeX 명령어를 포함하는 옵션으로, 이 예시에서는 \usepackage{kotex}를 사용하여 LaTeX에서 한글을 처리하도록 설정되었다. 사용하는 여러 패키지와 스타일을 지정하는 헤더를 .tex파일로 지정하여 포함시키는 것도 가능하다. output은 출력 형식을 지정하며, 여기서 pdf_document를 설정하여 PDF 형식으로 문서를 생성한다. 추가로, number_sections: true를 통해 문서의 섹션 번호를 자동으로 추가하고, latex_engine: xelatex를 사용하여 PDF를 생성하는 데 적합한 LaTeX 엔진을 지정한다. LaTeX 엔진에는 다양한 종류가 있으며, 각 엔진의 특성에 따라 문서 생성 과정이 달라진다.

- pdflatex: 기본 LaTeX 엔진으로, 빠르고 안정적이지만, 한글과 같은 유니코드 문자 지원이 제한적이다.
- xelatex: 유니코드와 TTF/OTF 폰트를 직접 지원하며, 한글 문서 출력에 적합하다. 이 설정에서 사용된 엔진이다.
- lualatex: 유니코드를 지원하며, Lua 언어 기반으로 추가적인 확장 가능성이 높아 복잡한 작업에 적합하다.

또한, 다중 출력 형식을 설정하여 하나의 문서에서 다양한 형식으로 문서를 출력할 수 있다. 아래와 같은 헤더를 작성하여 **Knit**를 하거나 rmarkdown::render ("document.Rmd", output_format = "all") 명령을 콘솔에 입력하면 각 형식에 맞는 파일에 자동으로 생성된다.

```
---
title: "Multi-format Report"
output:
  html_document:
    toc: true
  pdf_document:
    number_sections: true
  word_document: default
---
```

R Markdown에서는 **YAML 헤더** 없이도 문서를 작성할 수 있으며, 이 경우 기본 출력 형식은 html_document로 설정된다. 문서 제목, 작성자, 날짜와 같은 정보는 표시되지 않으며, 단순한 HTML 문서가 생성된다. 세부 설정 없이 간단히 문서를 작성할 때는 유용하지만, PDF나 Word와 같은 형식으로 출력하거나 세부적인 설정

이 필요하다면 YAML 헤더를 추가하는 것을 권장한다.

12.3.3.2 Beamer 프레젠테이션

R Markdown은 PDF 보고서뿐만 아니라 Beamer 프레젠테이션 형식의 슬라이드도 생성할 수 있다. Beamer는 LaTeX 기반의 슬라이드 제작 도구로, 깔끔하고 전문적인 프레젠테이션 자료를 만드는 데 적합하다. Beamer 출력 형식을 설정하면 테마와 레이아웃, 글꼴 스타일 등을 자유롭게 구성할 수 있으며, 수학식이나 다이어그램 같은 복잡한 요소도 쉽게 포함할 수 있다. `beamer_presentation`로 출력 형태를 지정하여 다음과 같은 Beamer 프레젠테이션을 생성할 수 있다.

```
---
title: ''
institute: 'Department of Statistics'
fonttheme: 'serif'
fontsize: '9pt'
output:
  beamer_presentation:
    latex_engine: xelatex
    theme: 'metropolis'
header-includes:
  - \input{header_includes.tex}
---
```

- `institute`: Beamer 슬라이드에서는 제목 페이지에 소속 정보가 표시된다. 제목 슬라이드 아래에 "Department of Statistics"가 표시된다.
- `fonttheme`: Beamer에서 사용할 기본 글꼴 테마를 설정한다.
- `fontsize`: 슬라이드에서 텍스트 크기를 설정한다. 다른 크기(예: 10pt, 11pt, 12pt)로 조정할 수 있다.
- `\input{header_includes.tex}`: 외부 파일 `header_includes.tex`의 내용을 불러와 LaTeX 명령어를 추가로 포함할 수 있도록 설정한다. 별도의 포함할 헤더 파일이 없다면 이 부분은 생략할 수 있다. 이 파일에는 색상, 글꼴, 슬라이드 레이아웃, TikZ 설정 등 다양한 LaTeX 설정을 고려할 수 있다. 이 방식은 LaTeX 설정을 헤더에 직접 작성하는 대신, 외부 파일로 관리하여 문서 가독성과 재사용성을 높인다.

12.3.3.3 참고 문헌

문서를 작성할 때는 본문에서 인용한 자료의 출처를 명시하는 것이 중요하며, 이는 신뢰성과 투명성을 높이는 데 필수적이다. `# References`는 R Markdown 문서에서 참고 문헌 섹션을 정의하는 데 사용하는 Markdown 헤더이다. Markdown 문법에서 `#`로 시작하는 텍스트는 가장 상위 수준의 헤더로 간주되며, R Markdown은 `# References`라는 특정 헤더를 감지하여 해당 위치에 참고 문헌을 출력한다. 일반적으로 참고문헌 헤더는 문서의 가장 마지막에 배치한다. YAML 헤더에 bibliography 항목을 설정하고, `.bib` 파일에 포함된 항목(예: `[@key]`)에 대하여 본문에 `[@key]`을 추가하면, R Markdown은 모든 인용된 참고 문헌을 해당 위치에 자동으로 출력한다.

`references.bib` 파일에 다음과 같이 참고문헌 정보가 포함되어 있다고 하자.

```
@article{bak2023minimax,
  title={Minimax estimation in multi-task regression under low-rank
  structures},
  author={Bak, Kwan-Young and Koo, Ja-Yong},
  journal={Journal of Nonparametric Statistics},
  volume={35},
  number={1},
  pages={122--144},
  year={2023},
  publisher={Taylor \& Francis}
}
```

아래와 같이 YAML 헤더를 입력해 보자. 당연한 이야기지만 꼭 아래에 헤더를 사용해야 하는 것은 아니며, 다른 부분은 기존의 헤더를 그대로 사용하는 경우에는 밑에 `bibliography: references.bib`만 추가해주면 된다.

```
---
title: ''
output: html_document
bibliography: references.bib
---
```

이후 본문에서 다음 문서를 참조하시오 [@bak2023minimax].라고 인용을 하면 아래와 같이 출력이 된다.

```
다음 문서를 참조하시오 (Bak 2023).
```

이렇게 본문에서 인용이 된 참고문헌은 # References 섹션에 자동으로 포함된다.

12.4 Quarto 사용 시 변경 사항

앞에서 설명한 것처럼 기본적으로 Quarto는 기존 R Markdown으로 작성된 코드와 높은 호환성을 가진다. Quarto가 더 유연하고 다양한 기능을 제공하지만 이를 일일이 나열할 필요는 없을 것으로 보인다. 대신 https://quarto.org에서 확인 가능한 공식 문서와 다양한 데모를 참고하기 바란다. Quarto를 사용하면 프레젠테이션 슬라이드, 대시보드, 웹사이트, 블로그, 책, 다양한 양식의 출력물을 HTML, PDF, MS Word, ePub 등 형식으로 생성할 수 있다.

R Markdown에 익숙하다면 YAML 설정과 관련하여 약간의 변경 사항을 확인하는 것만으로도 충분히 Quarto를 시작할 수 있다. R Markdown에서 메타데이터를 지정하기 위해 헤더를 작성할 때 아래와 같은 기본 틀을 사용한다면

```
---
title: "Document Title"
author: "Author Name"
date: "2025-04-30"
output: html_document
---
```

이고, Quarto에서는 output 대신 format을 이용하여 다음과 같이 작성 가능하다.

```
---
title: "Document Title"
```

```
author: "Author Name"
date: today
format: html
---
```

Quarto에서는 다중 형식 출력을 간단하게 하기 위해 아래와 같이 `format`을 지정할 수 있다.

```
format:
  html: default
  pdf: default
```

이때 문서를 `Render`하는 과정에서 출력물 형식을 쉽게 지정할 수 있다. Quarto는 출력물에 따라서 여러 옵션을 지정할 수 있으며 테마, 코드 하이라이팅, 언어 설정 등 여러 설정을 지원하고 있다. 예를 들어 책을 작성하는 과정에서 HTML 및 PDF 형식의 결과물을 원하고 이에 따른 설정을 지정하는 경우 아래와 같은 형식을 사용할 수 있다. 이를 통해 HTML 및 PDF 문서의 테마와 클래스를 지정할 수 있고 목차의 사용 여부, LaTeX에서 다른 헤더 파일이나 패키지를 사용하는지 여부 등 여러 옵션을 지정할 수 있다.

```
format:
  html:
    theme: cosmo
    toc: true
    toc-location: left
    lang: ko
  pdf:
    documentclass: scrreprt
    keep-tex: true
    include-in-header: header.tex
    toc: true
```

코드 블록에서 옵션을 설정하는 경우 R Markdown과 동일하게 `echo`, `eval` 등 옵션을 우측에 지정할 수 있고, 추가로 YAML 스타일의 코드 블록 옵션을 지정하여 아래와 같이 작성할 수도 있다.

```
#| eval: true
#| echo: true
summary(cars)
```

이때 출력물은 다음과 같다.

```
summary(cars)
     speed           dist
 Min.   : 4.0   Min.   :  2.00
 1st Qu.:12.0   1st Qu.: 26.00
 Median :15.0   Median : 36.00
 Mean   :15.4   Mean   : 42.98
 3rd Qu.:19.0   3rd Qu.: 56.00
 Max.   :25.0   Max.   :120.00
```

참고로 Quarto YAML에서

```
code-fold: true
```

옵션을 지정해서 코드 접기 기능을 쉽게 설정할 수 있다.

Quarto는 R 외에도 여러 언어를 지원하기 때문에 다중 언어 프로젝트에서 문서 생성을 위해 쉽게 사용 가능하다. 아래 예제는 현재 작성하고 있는 Quarto book project에서 R코드가 아닌 Python 코드를 실행하기 위한 코드 블록으로, 아래와 같이 언어를 `r`이 아닌 `python`으로 지정하여 블록을 작성한다.

````
```{python}
numbers = [10, 20, 30, 40, 50]
average = sum(numbers) / len(numbers)
print(f"The average of {numbers} is {average:.2f}.")
```
````

이 경우 문서에는 다음과 같이 포함된다.

```
numbers = [10, 20, 30, 40, 50]
```

```
average = sum(numbers) / len(numbers)

print(f"The average of {numbers} is {average:.2f}.")
The average of [10, 20, 30, 40, 50] is 30.00.
```

Python 코드만으로 문서를 작성하기 위해 사용해도 되고 이렇게 R 및 다른 언어와 연동하여 진행하는 프로젝트를 문서화하는 과정에서도 쉽게 Quarto를 사용할 수 있다.

이 외에도 Quarto에서는 헤더 수준에서 라벨을 설정해서 교차 참조를 하거나 식 번호를 참조하기 위한 LaTeX 문법을 별도의 패키지 설치 없이 지원한다. 또한 기본 Markdown외에 Pandoc의 확장된 표 작성 기능을 지원하고 있으며 추가적으로 여러 유연한 기능을 제공하고 있어 향후 재현 가능한 연구 및 결과의 커뮤니케이션 과정에서 활용 가치가 매우 높을 것으로 보인다.

13장

Shiny를 이용한 웹 애플리케이션

13.1 애플리케이션 배포와 Shiny의 이해

R이 데이터 과학 분야에서 가지는 단점 중 하나는 통계 분석 및 모델링(statistical analysis and modeling) 결과의 배포가 쉽지 않다는 점이었다. R Shiny는 R 사용자가 별도의 웹 개발 기술 없이도 인터랙티브한(interactive) 데이터 분석 애플리케이션(application)을 만들 수 있도록 등장한 프레임워크(framework)다. R은 강력한 데이터 분석 및 시각화 도구지만, 기존 보고서 형태(R Markdown)는 정적(static)이며, 이를 활용한 실시간 데이터 탐색이 어렵다. 또한 분석 결과를 비개발자(예: 의료 전문가, 경영진)와 효과적으로 공유하려면 웹 기반 대시보드(dashboard)가 필요하지만, HTML, CSS, JavaScript 같은 웹 개발 기술을 익히는 것은 진입 장벽이 될 수 있다.

이러한 문제를 해결하기 위해 Shiny가 개발되었다. 이를 통해 R 코드만으로도 데이터 시각화와 분석이 가능한 대시보드를 제작하고, 웹(web) 애플리케이션 형태로 배포할 수 있게 되었다. 머신러닝 및 통계 모형 관점에서도 Shiny는 모델을 사용자 친화적인 인터페이스(interface)로 제공하는 데 유용하다. 예를 들어 모델 입력값을 조정하고 예측 결과를 실시간으로 확인하는 기능을 쉽게 구현할 수 있다. Shiny는 단순한 데이터 시각화 도구를 넘어 모형과 애플리케이션의 배포 도구로서도 강력한 역할을 한다. 분석 결과를 동적(dynamic) 웹 애플리케이션으로 제공함으로써, 연구실 내부 공유, 클라이언트 보고, 상용화 등의 다양한 활용이 가능하다. 이를 통해 데이터 분석가들은 개발 지식 없이도 분석 및 예측 모델을 배포하고, 데이터 시각화,

대화형 분석 도구, 보고서 대시보드 등을 손쉽게 구현할 수 있으며, 사용자는 웹 브라우저(browser)에서 실시간으로 데이터를 분석하고 그 결과를 직관적으로 확인할 수 있다.

R 프로그램 및 모델 배포를 위한 다른 도구로 `plumber` 패키지[https://www.rplumber.io]가 있다. 이 패키지를 사용하면 R 코드를 RESTful API[27] 형태로 배포할 수 있어 다른 애플리케이션(Python이나 JavaScript로 개발된)과의 연동이 가능하고, R을 활용한 데이터 분석 및 모델링 결과를 웹 서비스로 제공하는 데 유용하다. 하지만 이러한 접근에는 약간의 문제가 있다. 이 책에서 줄곧 설명한 것처럼 R 사용자 커뮤니티는 통계학 및 데이터 과학 분야 종사자가 주를 이루고 있으며, 기본적으로 개발자 커뮤니티가 아니다. 그렇기 때문에 백엔드(backend) API를 이용해서 애플리케이션을 개발할 수 있는 지식과 기술이 부족한 경우가 많다. Shiny는 API 형태가 아닌 웹 애플리케이션을 R만 사용해서 구축할 수 있기 때문에 많은 인기를 얻게 되었다. 물론 애플리케이션 개발 기술을 추가로 갖춘 데이터 과학자라면, Flask나 FastAPI 등을 활용하여 인공지능 및 머신러닝 모델의 API를 개발하고 Shiny를 프론트엔드 용도로만 활용할 수도 있고, React 등 라이브러리와 결합하여 사용자 경험을 향상시키는 애플리케이션을 개발할 수 있다. 심지어 Electron 등과 결합하여 데스크톱 애플리케이션을 개발할 수도 있어 활용 가능성이 많다.

Shiny는 POSIT에서 제공하는 Shiny Server, RStudio Connect, 또는 ShinyApps.io를 통해 간편하게 배포할 수 있어 연구 결과를 공유하거나 데이터 기반 의사 결정을 지원하는 데 유용하다. 또한 Shiny는 반응형 프로그래밍(reactive programming)을 기반으로 하여 사용자의 입력값이 변경될 때마다 출력을 자동으로 갱신하는 기능을 제공한다. 즉, 특정 입력값이 변하면 이에 따라 새로운 결과가 즉시 갱신되어 사용자에게 실시간으로 제공된다. 이러한 점은 정적인 보고서나 일반적인 데이터 분석 방식과 비교했을 때 큰 장점으로 작용하여 사용자가 다양한 시나리오를 직접 실험해 볼 수 있도록 돕는다. Shiny는 복잡한 데이터 분석 워크플로를 웹 애플리케이션 형태로 구현하는 데에도 유용하다. 예를 들어 머신러닝 모델의 실시간 예측 결과를 제공하거나, 사용자 맞춤형 데이터 탐색 인터페이스를 구축할 수도 있다. 이러한 유연성과 확장성 덕분에 연구기관, 기업, 정부 기관 등에서도 Shiny를 활용하여 다양한 분석 애플리케이션을 제작하고 있다.

---

27) RESTful API는 "Representational State Transfer"의 약자인 REST 아키텍처 스타일을 따르는 웹 API이다. HTTP 메서드(GET, POST 등)를 통해 리소스(resource)를 주고받으며, 주로 JSON 형식으로 데이터를 교환해 다양한 애플리케이션 간 연동을 가능하게 한다.

13.2 Shiny 시작하기

Shiny 애플리케이션 작성을 위한 스크립트(script)를 생성하려면 RStudio 상단 메뉴에서 **File > New file > Shiny Web App**을 선택하면 된다. 또한 1장에서 설명한 것처럼 프로젝트(project)를 생성하는 과정에서 **Shiny Application**을 선택해서 Shiny 개발 코드와 환경을 프로젝트로 관리할 수도 있다. **Shiny Web App**으로 새 파일을 만드는 과정에서 그림 13.1의 대화 상자가 나타나며, `Application name`을 입력하고 프로젝트의 구조를 설정할 수 있다. Shiny 애플리케이션의 프로젝트 구조는 다음과 같이 두 가지 방식으로 구성할 수 있다.

- Single File: UI와 서버(server) 함수를 하나의 파일(`app.R`)에서 작성하는 방식
- Multiple File: UI와 서버를 각각 `UI.R`과 `server.R` 파일로 분리하는 방식

일반적으로 코드가 간단한 경우에는 `Single File` 방식이 적합하며, 코드가 길어지고 복잡한 기능을 추가할 필요가 있는 경우에는 `Multiple File` 방식이 유리하다. 따라서 프로젝트 규모와 개발자의 선호도에 따라 적절한 방식을 선택하면 된다.

Shiny 애플리케이션을 개발한 실행하는 방법에는 두 가지가 있다.

- 툴바(toolbar)에서 `Run App` 버튼 클릭
- `Ctrl/Cmd + Shift + Enter` 단축키를 사용

그림 13.2에서 보이는 것처럼, RStudio의 툴바에 위치한 `Run App` 버튼을 누르면 애플리케이션이 실행된다. 이때 브라우저 창 또는 RStudio Viewer 창에서 애플리케이션이 동작하는 것을 확인할 수 있다. 애플리케이션이 실행된 상태에서는 코드 수

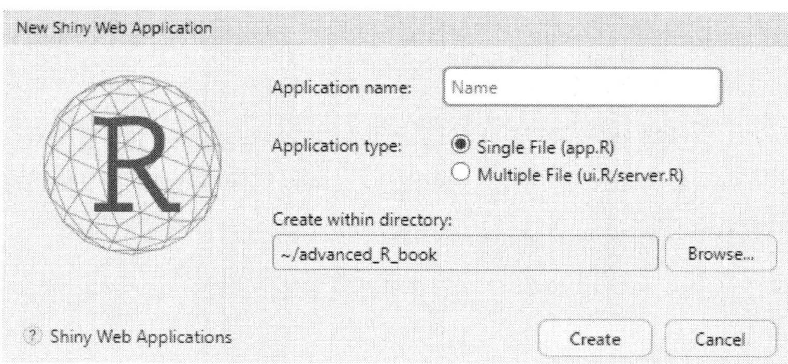

그림 13.1 Shiny 파일 생성

그림 13.2 Shiny 아이콘 메뉴

정 사항이 자동으로 반영되지 않는다. 변경 사항을 반영하려면 **Run App** 버튼을 다시 클릭하거나 단축키를 다시 실행하여 애플리케이션을 새로 실행해야 한다. 대규모 데이터를 다루거나 연산량이 많은 애플리케이션을 실행할 경우, 불필요한 리소스 사용을 방지하기 위해 사용하지 않는 애플리케이션은 종료하는 것이 좋다.

13.3 Shiny 애플리케이션의 구조와 기본 코드

Shiny 애플리케이션의 기본적인 실행 방법을 익혔다면, 이제 그 구성 요소와 작동 원리를 살펴보자. 앞서 말했듯 Shiny 애플리케이션은 사용자 인터페이스(User Interface, UI)와 서버 함수로 구성된다. UI는 사용자가 직접 보고 조작할 수 있는 화면을 정의하는 부분으로, 버튼, 입력 창, 그래프, 표 등의 요소를 포함하며, 사용자가 데이터를 입력하거나 특정 옵션을 선택할 수 있도록 구성된다. HTML과 유사한 구조를 사용하지만, R 코드만으로도 쉽게 구현할 수 있다는 점이 특징이다.

서버 함수는 사용자가 입력한 데이터를 받아들이고 필요한 연산을 수행한 후 UI에 출력하는 역할을 한다. 반응형 프로그래밍을 활용하여 사용자의 입력값이 변경될 때마다 자동으로 결과를 갱신하며, 데이터 처리, 그래프 생성, 모델 훈련 등의 작업을 수행할 수 있다. 또한 R의 다양한 기능과 패키지를 활용할 수 있어 확장성이 뛰어나다.

Shiny 애플리케이션은 UI와 서버가 서로 연계되어 작동하며, 사용자가 입력을 변경하면 해당 값이 서버로 전달되고, 서버는 이를 처리한 후 다시 UI에 결과를 반영하는 방식으로 동작한다. Shiny의 가장 큰 특징은 반응형 웹 애플리케이션을 쉽게 구현할 수 있다는 점이다. UI와 서버를 연계하면 사용자의 입력값이 변경될 때마다 자동으로 결과가 업데이트되므로, 다양한 입력 값을 조작하며 실시간으로 데이터를 분석할 수 있다. 또한 복잡한 데이터 모델을 손쉽게 적용해볼 수도 있어 데이터 시각화나 인터랙티브 분석에 유용하다.

RStudio에서 Shiny 애플리케이션을 생성하면 다음과 같은 코드가 기본 템플릿으로 주어진다.

```
library(shiny)

# 히스토그램을 그리는 애플리케이션의 UI 정의
ui = fluidPage(

    # 애플리케이션 제목
    titlePanel("Old Faithful Geyser Data"),

    # 슬라이더 입력을 포함하는 사이드바 레이아웃
    sidebarLayout(
        sidebarPanel(
            sliderInput("bins",
                        "Number of bins:",
                        min = 1,
                        max = 50,
                        value = 30)
        ),

        # 생성된 분포를 보여주는 메인 패널
        mainPanel(
           plotOutput("distPlot")
        )
    )
)

# 히스토그램을 그리기 위한 서버 로직 정의
server = function(input, output) {

    output$distPlot = renderPlot({
        # ui에서 입력받은 input$bins 값을 기준으로 구간 생성
        x    = faithful[, 2]
        bins = seq(min(x), max(x), length.out = input$bins + 1)

        # 지정된 구간 수로 히스토그램 그리기
        hist(x, breaks = bins, col = 'darkgray', border = 'white',
             xlab = 'Waiting time to next eruption (in mins)',
             main = 'Histogram of waiting times')
    })
}

# 애플리케이션 실행
shinyApp(ui = ui, server = server)
```

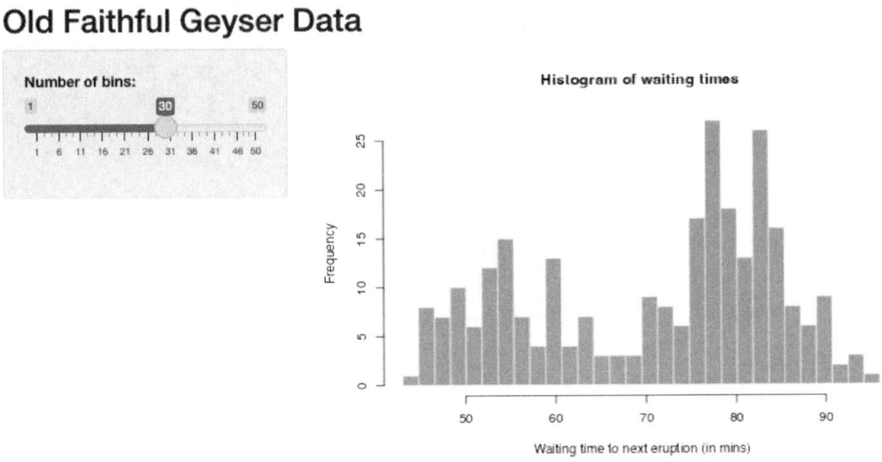

그림 13.3 Shiny 템플릿 애플리케이션

이 앱을 실행하면 그림 13.3에서 보는 것과 같이 Old Faithful Geyser 데이터를 바탕으로 빈(bin) 개수를 동적으로 입력받아 히스토그램을 그려주는 애플리케이션을 확인할 수 있다. 슬라이더를 조정하여 히스토그램이 실시간으로 바뀌는 것을 확인해 보기 바란다. 이 기본 템플릿을 이용해 구성 요소를 다시 한번 설명하면 다음과 같다.

13.3.1 UI 구성

UI는 사용자가 직접 상호작용할 수 있는 요소들을 포함하며, `fluidPage()`를 사용하여 레이아웃(layout)을 정의한다.

```
ui = fluidPage(
    titlePanel("Old Faithful Geyser Data"),
    sidebarLayout(
        sidebarPanel(
            sliderInput("bins", "Number of bins:",
                        min = 1, max = 50, value = 30)
        ),
        mainPanel(
            plotOutput("distPlot")
        )
    )
)
```

이때 사용된 함수들은 다음과 같다. 당연한 이야기지만 기본 함수를 외워서 사용할 필요는 없으며 필요할 때마다 찾아서 사용하면 된다.

- `titlePanel()`: 애플리케이션의 제목을 지정한다.
- `sidebarLayout()`: UI를 사이드바(sidebar)와 메인 패널(main panel)로 구분한다.
- `sliderInput()`: 사용자가 조작할 수 있는 슬라이더 입력을 제공한다.
- `plotOutput()`: 서버에서 생성된 그래프를 UI에 출력한다.

이러한 함수들을 통해 프론트엔드(frontend) 개발에 대한 지식이 전혀 없더라도 쉽게 UI를 구성할 수 있다.

13.3.2 Server 구성

Server는 UI에서 전달된 입력 값을 처리하고, 분석 결과를 UI에 반영하는 역할을 한다. server 함수에서 입력과 출력을 나타내는 두 인자 `input`과 `output`은 리스트와 유사하게 사용할 수 있는 반응형 객체이다. 참고로 7장에서 설명한 `browser()`나 중단점을 이용한 디버깅 방법을 통해 Shiny 애플리케이션 코드를 디버깅하거나 작동 원리를 파악해볼 수도 있다.

```
server = function(input, output) {
    output$distPlot = renderPlot({
        x    = faithful[, 2]
        bins = seq(min(x), max(x), length.out = input$bins + 1)
        hist(x, breaks = bins, col = 'darkgray', border = 'white',
             xlab = 'Waiting time to next eruption (in mins)',
             main = 'Histogram of waiting times')
    })
}
```

아래와 같은 함수들을 사용하여 작성하였으며, 나머지 코드는 기본적인 R 코드이다.

- `renderPlot()`: 그래프를 생성하는 함수로, `output$distPlot`과 연결된다.
- `input$bins`: 사용자가 설정한 슬라이더 값을 받아와서 히스토그램의 빈 개수를 조정한다.

13.3.3 애플리케이션 실행

UI와 Server가 정의되면 `shinyApp()` 함수를 사용하여 실행할 수 있다.

```
shinyApp(ui = ui, server = server)
```

13.3.4 주요 기능 소개

Shiny 애플리케이션 개발 과정에서 자주 사용하는 대표적인 기능 몇 개를 소개하면 아래와 같다. 대략적인 이름의 규칙을 확인할 수 있을 것이다. 이외에도 무수히 많은 기능이 있는데, 이에 관해서는 R shiny cheatsheet [https://shiny.posit.co/r/articles/start/cheatsheet/] 및 공식 문서를 참고하여 필요할 때 찾아서 사용하면 된다.

입력 요소(input widgets)

Shiny에서는 다양한 입력 요소를 제공하며, 사용자가 입력한 데이터를 서버에서 활용할 수 있다. 대표적인 입력 요소는 다음과 같다.

- `sliderInput()`: 숫자 값을 조정할 수 있는 슬라이더
- `textInput()`: 텍스트 입력 필드
- `numericInput()`: 숫자 입력 필드
- `selectInput()`: 드롭다운 목록
- `checkboxInput()`, `checkboxGroupInput()`: 체크박스 입력
- `radioButtons()`: 라디오 버튼 선택

출력 요소(output widgets)

출력 요소는 서버에서 처리된 데이터를 UI에 표시하는 역할을 한다.

- `plotOutput()`: 그래프 출력
- `textOutput()`: 텍스트 출력
- `verbatimTextOutput()`: 코드 또는 로그 출력
- `tableOutput()`, `dataTableOutput()`: 표 출력

■ 반응형 프로그래밍(reactivity)

Shiny는 반응형 프로그래밍을 지원하여, 사용자의 입력 변화에 따라 실시간으로 데이터를 갱신할 수 있다. 예시 코드는 다음과 같다.

```
reactiveData = reactive({
   faithful[, 2] * input$bins
})
```

`reactive()`를 사용하면 서버 내에서 반응형 객체를 생성할 수 있으며, `observe()` 또는 `observeEvent()`를 사용하여 특정 이벤트가 발생했을 때 동작을 수행할 수도 있다.

Shiny의 함수와 기능을 한없이 설명할 수 있겠지만 이런 접근은 이 책이 지향하는 바와 맞지 않다. 대신에 다음 섹션에서 설문 자료 분석을 위한 실용적 목적의 웹 애플리케이션을 직접 작성하는 과정을 통해 Shiny의 기능과 유용성을 살펴보려고 한다. 사용되는 주요 함수들은 코드 아래에 설명을 추가하였으니 참고하면서 툴박스(toolbox)를 확장해 나가기 바란다. 만약 Shiny의 이론과 문법에 관한 체계적인 추가 학습을 원하는 경우 무료로 공개된 Mastering Shiny (Wickham 2021) 책을 참고하면 좋다. 이 책의 온라인 버전은 [https://mastering-shiny.org]에서 무료로 열람할 수 있다. 본격적인 배포용 Shiny 애플리케이션 개발을 원한다면 Engineering Production-Grade Shiny Apps (Fay et al. 2021) 책이 많은 도움이 될 수 있다.

13.4 프로젝트: 자료 분석 및 결과 요약 애플리케이션 개발

13.4.1 기본 구조 설정 및 파일 업로드 기능 구현

이번 섹션에서는 설문 조사 형태의 자료를 분석하는데 사용되는 Shiny 애플리케이션을 개발해 보려고 한다. 가상의 데이터를 생성하여 분석을 위한 Shiny 애플리케이션의 기본적인 구조를 제시할 것이다. 실제 이런 형태의 데이터 분석 사례를 확인하고 싶으면 Lee et al. (2024), Do et al. (2025) 등의 논문을 참고할 수 있다.

이 애플리케이션은 사용자가 Excel 파일을 업로드하면 데이터를 불러와 화면에서 일부 내용을 미리 확인할 수 있도록 설계되었다. 이를 통해 데이터 분석을 시작하기 전에 파일의 형식이 올바른지, 데이터가 제대로 로드(load)되었는지 손쉽게 검토할 수 있다.

예시로 사용한 가상의 데이터는 특정한 이슈에 대한 사람들의 인지적/감정적 위험 인지(risk perception) 점수를 측정한 설문 자료로, 인구사회학적 변인들을 공변량(covariates)으로 포함하고 있다. 데이터에 포함된 변수는 거주 지역(`ara`), 연령대(`age`), 성별(`sex`), 정치 성향(`ideo`), 직업(`job`), 교육 수준(`edu`), 경제력 수준(`class`), 대통령 직무 수행에 대한 평가(`presid`), 인지적 위험 인지(`cog`), 감정적 위험 인지(`aff`)와 서베이(survey) 가중치(`wt`)가 있다. 이러한 데이터 구성에서 분석가의 목표는 인구사회학적 변인들이 위험 인지 정도에 어떠한 영향을 미치는지 확인하는 것이라고 할 수 있다. 예시로 사용한 가상의 데이터(`shiny.xlsx`)와 완성된 Shiny 애플리케이션은 GitHub 레포지토리(repository) https://github.com/kybak90/AnalysisSummary에서 확인할 수 있다.

```
library(shiny)
library(readxl)

ui = fluidPage(
  titlePanel("Data Analysis"),

  sidebarLayout(
    sidebarPanel(
      fileInput("file", "Upload the Excel file", accept = c(".xlsx"))
    ),
    mainPanel(
      tableOutput("data_preview")
    )
  )
)

server = function(input, output) {
  raw_data = reactive({
    req(input$file)
    read_excel(input$file$datapath)
  })

  output$data_preview = renderTable({
```

```
    req(raw_data())
    head(raw_data(), 10)
  })
}

shinyApp(ui, server)
```

1. UI 구성

- `fluidPage()`: 반응형 웹 페이지를 생성하는 함수로, 전체 UI를 감싸는 역할을 한다.
- `titlePanel()`: 애플리케이션의 제목을 설정한다.
- `sidebarLayout()`: 화면을 사이드 바와 메인 패널로 구성된 레이아웃으로 정의한다.
- `sidebarPanel()`: 사용자 입력 요소 배치하기 위한 공간으로, 파일 업로드 버튼을 포함한다.
- `fileInput()`: 사용자가 파일을 업로드할 수 있도록 하는 입력 위젯이다.
- `mainPanel()`: 결과 출력 배치를 위한 공간으로, 업로드된 데이터의 일부를 테이블 형식으로 보여준다.
- `tableOutput()`: 데이터 미리 보기 테이블을 출력하는 공간이다.

2. 서버

- `server = function(input, output) { ... }`: 입력값을 처리하고 결과를 UI에 반영하는 역할을 한다.
- `reactive()`: 사용자가 업로드한 파일을 읽고 데이터를 저장하는 반응형 함수이다.
- `renderTable()`: 테이블을 생성하여 UI에 출력하는 반응형 출력 함수이다.
- `req()`: 파일이나 데이터가 존재하지 않을 시 실행하지 않는다.

3. 애플리케이션 실행

- `shinyApp(ui, server)`: UI와 서버를 결합하여 Shiny 애플리케이션을 실행한다.

그림 13.4 Shiny 데이터 업로드

위 코드를 실행하면 그림 13.4와 같이 사용자는 Excel 파일을 업로드할 수 있는 버튼을 포함한 웹 애플리케이션을 확인할 수 있다. 파일을 업로드하면 자동으로 데이터를 읽어들이고, 미리 보기를 통해 테이블 형태로 데이터를 확인할 수 있다.

13.4.2 데이터 전처리 기능 구현

기본적인 Shiny 애플리케이션의 구조를 확장하여 보다 실용적인 데이터 전처리 기능을 추가해 볼 수 있다. 실제 연구나 분석에서는 데이터가 항상 정제된 상태로 주어지는 것이 아니므로, 결측치 처리와 데이터 요약 등의 기능이 필요하다. 다음으로 소개할 코드는 기존 코드에서 데이터 전처리 및 요약 기능을 추가한 확장 버전이다. 사용자는 파일을 업로드한 후 특정 전처리 옵션을 선택하여 데이터를 정제할 수 있으며, 데이터 크기 확인, 변수별 요약 통계, 특정 변수의 분포 출력 등의 기능도 제공할 수 있다. 이를 통해 데이터 분석의 첫 단계를 효율적으로 수행할 수 있다.

```
library(shiny)
library(readxl)
library(dplyr)

ui = fluidPage(
  titlePanel("Data Analysis"),

  sidebarLayout(
    sidebarPanel(
      fileInput("file", "Upload the Excel file"),
      numericInput("num_head", "Number of rows to display",
                   value = 10, min = 1),
```

```
      checkboxGroupInput("preprocess", "Select preprocessing method",
                          choices = c("Remove empty rows", "Set 9999 as NA",
                                      "Remove all rows with NA"))
    ),
    mainPanel(
      tableOutput("data_preview"),
      verbatimTextOutput("data_dim"),
      tableOutput("var_summary"),
      uiOutput("var_distribution"))
    )
)

server = function(input, output, session) {
  raw_data = reactive({
    req(input$file)
    read_excel(input$file$datapath)
  })

  processed_data = reactive({
    data = raw_data()
    if ("Set 9999 as NA" %in% input$preprocess) {
      data = data %>% mutate(across(everything(),
                                   ~ replace(., . == 9999, NA)))
    }
    if ("Remove empty rows" %in% input$preprocess) {
      data = data %>% filter(complete.cases(.))
    }
    if ("Remove all rows with NA" %in% input$preprocess) {
      data = na.omit(data)
    }
    if (!is.null(input$factor_vars)) {
      data = data %>% mutate(across(all_of(input$factor_vars), as.factor))
    }
    data
  })

  observe({
    req(raw_data())
    updateCheckboxGroupInput(session, "dist_vars",
                             choices = names(raw_data()))
  })
```

```
  output$data_dim = renderPrint({
    req(processed_data())
    paste("Data dimension:", dim(processed_data())[1],
          "rows", dim(processed_data())[2], "columns")
  })

  output$data_preview = renderTable({
    req(processed_data())
    head(processed_data(), input$num_head)
  })

  output$var_distribution = renderUI({
    req(processed_data(), input$dist_vars)

    fluidRow(
      lapply(input$dist_vars, function(var) {
        column(4, tableOutput(paste0("dist_table_", var)))
      })
    )
  })
}

shinyApp(ui, server)
```

코드 작성에 사용된 주요 함수들을 살펴보면 아래와 같다. 몇몇 함수는 일반적인 기능을 앞에서 소개했지만, 여기서는 개발 중인 애플리케이션의 기능 측면에서 설명을 포함했다.

1. **전처리 옵션**

- `checkboxGroupInput()`: 빈 행 제거, 결측값 포함 행 삭제 기능 제공
- `processed_data()`: 사용자의 선택에 따라 데이터 변환 및 정리 수행

2. **데이터 요약 및 크기 확인**

- `verbatimTextOutput()`: 데이터의 행(row)과 열(column) 개수 표시
- `tableOutput()`: 변수별 기본 통계 요약 출력

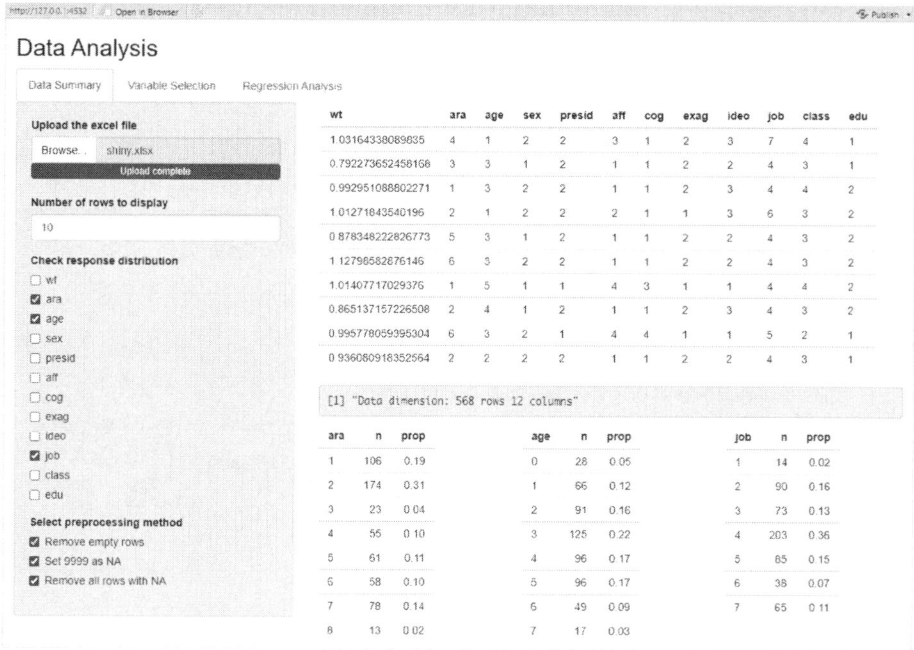

그림 13.5 데이터 전처리

3. 변수별 데이터 분포 출력

- `observe()`: 업로드된 데이터에 따라 자동으로 변수 목록 업데이트
- `renderUI()`: 선택한 변수의 분포를 세 열로 구성된 테이블로 표시

위 Shiny 애플리케이션을 실행하면 그림 13.5와 같이 사용자가 선택한 전처리 옵션을 적용하여 데이터를 정리할 수 있다. 업로드된 데이터는 미리 보기가 가능하며, 사용자가 특정 변수를 선택하면 해당 변수의 분포가 테이블 형식으로 출력되어 데이터를 보다 직관적으로 탐색할 수 있다.

13.4.3 변수 선택 및 시각화 기능 구현

데이터 전처리를 완료한 후 보다 심층적인 분석을 위해 사용자가 직접 변수를 선택하여 분포를 비교할 수 있는 인터랙티브 변수 선택 및 시각화 기능을 추가할 수 있다. 이를 통해 사용자는 관심 있는 두 개의 변수를 선택하고 해당 변수들의 분포를 비교하면서 분석을 진행할 수 있다.

이번 기능에서는 UI에서 변수 선택 옵션을 제공하고, 선택된 변수들의 분포를 시각적으로 표현하는 그래프를 출력하는 방식으로 구현된다. 특히 슬라이더를 이용하여 Y축 범위를 조정할 수 있도록 설계하여, 데이터의 분포를 더 명확히 확인할 수 있다.

■ 변수 선택 인터페이스

```
tabPanel("Variable Selection",
            sidebarLayout(
              sidebarPanel(
                uiOutput("var1_select"),
                uiOutput("var2_select"),
                sliderInput("ylim_var1", "Y-axis limit for Variable 1",
                            min = 0, max = 1000, value = 500),
                sliderInput("ylim_var2", "Y-axis limit for Variable 2",
                            min = 0, max = 1000, value = 500)
              ),
              mainPanel(plotOutput("var_plots"))
            )
   )
```

코드 작성에 사용된 주요 함수들을 역시 애플리케이션 기능 측면에서 살펴보면 아래와 같다.

- **uiOutput()**: 사용자가 변수를 선택할 수 있도록 동적 UI를 생성한다.
- **sliderInput()**: 변수별 그래프의 Y축 범위를 조정할 수 있는 슬라이더를 제공한다.
- **plotOutput()**: 선택한 변수들의 분포를 시각적으로 비교하는 그래프를 출력한다.

■ 선택된 변수의 분포 시각화

```
output$var1_select = renderUI({
  req(processed_data())
  selectInput("var1", "Variable 1 select",
              choices = names(processed_data()),
              selected = names(processed_data())[1])
})
```

```
output$var2_select = renderUI({
  req(processed_data())
  selectInput("var2", "Variable 2 select",
              choices = names(processed_data()),
              selected = names(processed_data())[2])
})

output$var_plots = renderPlot({
  req(processed_data(), input$var1, input$var2,
      input$ylim_var1, input$ylim_var2)

  data = processed_data()

  plot_var1 = ggplot(data, aes(x = .data[[input$var1]],
                               fill = factor(.data[[input$var1]]))) +
    geom_bar() +
    ylim(0, input$ylim_var1) +
    theme(legend.position = "none") +
    xlab("") + ylab("") +
    ggtitle("Distribution of Variable 1") +
    theme(plot.title = element_text(size=20)) +
    theme_set(theme_bw())

  plot_var2 = ggplot(data, aes(x = .data[[input$var2]],
                               fill = factor(.data[[input$var2]]))) +
    geom_bar() +
    ylim(0, input$ylim_var2) +
    theme(legend.position = "none") +
    xlab("") + ylab("") +
    ggtitle("Distribution of Variable 2") +
    theme(plot.title = element_text(size=20)) +
    theme_set(theme_bw())

  grid.arrange(plot_var1, plot_var2, ncol = 2)
})
```

코드 작성에 사용된 주요 함수들을 애플리케이션 기능 측면에서 살펴보면 아래와 같다.

- **renderUI()**: 변수 선택 기능 동적 생성
- **geom_bar()**: 범주형 변수의 빈도 그래프 생성

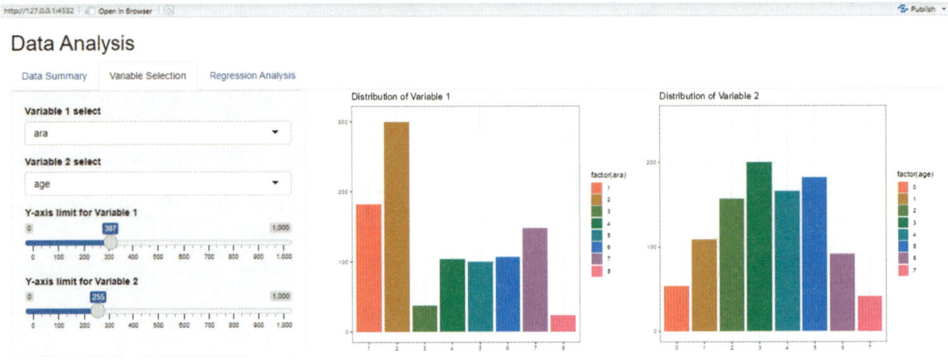

그림 13.6 동적 막대그래프 생성

- `ylim()`: 사용자가 슬라이더를 이용하여 Y축 범위를 조정할 수 있도록 설정

위 Shiny 애플리케이션을 실행하면 그림 13.6과 같이 사용자는 업로드된 데이터에서 원하는 두 개의 변수를 선택하고, 해당 변수의 분포를 비교할 수 있다. 특히 Y축 범위를 조정하는 슬라이더 기능을 활용하여 변수별 빈도 차이를 더욱 명확하게 분석할 수 있으며 `ggplot2`를 활용한 시각적 표현으로 데이터를 직관적으로 탐색할 수 있다.

13.4.4 회귀분석 및 결과 요약 기능 구현

데이터 전처리 및 변수 분포 파악 기능을 확장하여, 사용자가 직접 회귀분석을 수행할 수 있도록 하는 기능을 추가하였다. 반응 변수와 예측 변수를 직접 선택하고 필요시 특정 변수를 범주형 변수로 변환한 이후에 클릭 한 번으로 회귀분석을 수행할 수 있다. 또한 Shiny의 `tabPanel()`을 활용하여 여러 개의 탭(Tab)으로 화면을 구성함으로써 데이터 탐색, 변수 시각화, 회귀분석을 하나의 애플리케이션에서 수행할 수 있도록 설계되었다.

```
library(shiny)
library(readxl)
library(dplyr)
library(ggplot2)
library(gridExtra)
library(modelsummary)
```

```
ui = fluidPage(
  titlePanel("Data Analysis"),

  tabsetPanel(

    # tabPanel 1

    # tabPanel 2

    # tabPanel 3
    tabPanel("Regression Analysis",
             sidebarLayout(
               sidebarPanel(
                 uiOutput("response_var1_select"),
                 uiOutput("response_var2_select"),
                 selectInput("weight_var", "Select weight variable",
                             choices = NULL),
                 checkboxGroupInput("predictor_vars",
                                    "Select predictor variables",
                                    choices = NULL, selected = NULL),
                 checkboxGroupInput("factor_vars",
                                    "Select factor variables",
                                    choices = NULL, selected = NULL),
                 actionButton("run_model", "Run Regression")
               ),
               mainPanel(
                 verbatimTextOutput("model_summary"),
                 plotOutput("regression_plots"))
             )
    ),
  )
)
```

코드 작성에 사용된 주요 함수들도 역시 애플리케이션 기능 측면에서 살펴보면 아래와 같다.

- **tabPanel()**: 여러 개의 탭으로 화면을 구성한다.
- **checkboxGroupInput()**: 사용자가 회귀 모형에 포함할 예측 변수를 직접 선택할 수 있도록 한다.

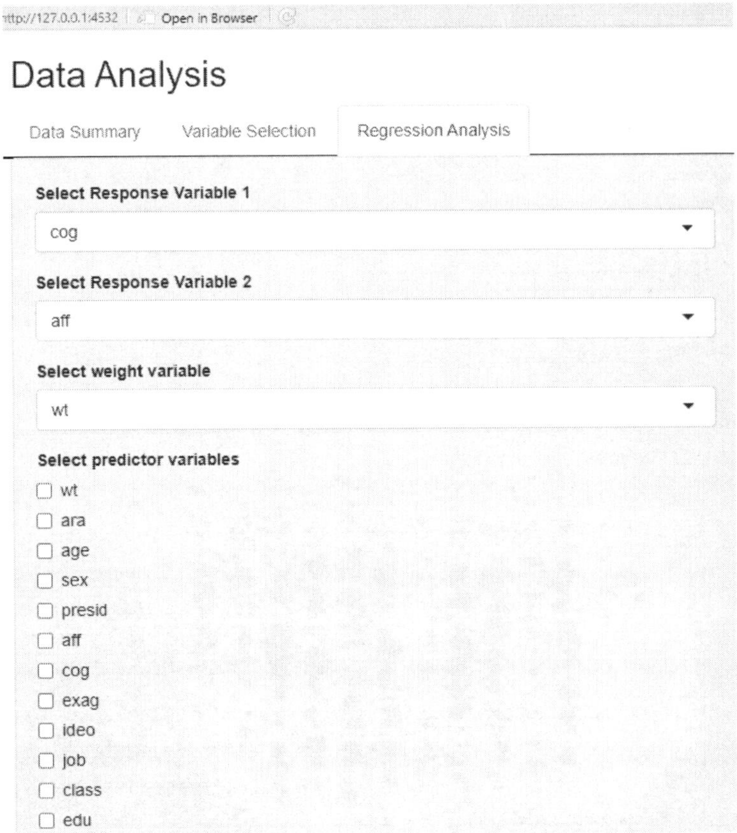

그림 13.7 사용자의 예측변수 선택

- `actionButton()`: 버튼을 클릭하여 사용자가 선택한 변수들을 기반으로 회귀 분석을 수행한다.

그림 13.7과 같이 사용자가 원하는 예측 변수를 직접 선택하여 회귀 모형에 포함할 수 있도록 한다.

또한, 그림 13.8과 같이 버튼 하나로 회귀 분석을 실행시킬 수 있다.

```
server = function(input, output, session) {

  # tabPanel 1

  # tabPanel 2

  # tabPanel 3
```

```
observe({
  req(raw_data())
  updateCheckboxGroupInput(session, "dist_vars",
                           choices = names(raw_data()))
  updateSelectInput(session, "weight_var", choices = names(raw_data()))
  updateCheckboxGroupInput(session, "predictor_vars",
                           choices = names(raw_data()))
  updateCheckboxGroupInput(session, "factor_vars", choices =
                           names(raw_data()),
                           selected = names(raw_data()))
})

output$response_var1_select = renderUI({
  req(processed_data())
  selectInput("response_var1", "Select Response Variable 1",
              choices = names(processed_data()))
})

output$response_var2_select = renderUI({
  req(processed_data())
  selectInput("response_var2", "Select Response Variable 2",
              choices = names(processed_data()))
})

output$model_summary = renderPrint({
  req(model_results())
  cat("Model 1 Summary:\n")
  print(summary(model_results()$fit1))
  cat("\nModel 2 Summary:\n")
  print(summary(model_results()$fit2))
})

model_results = eventReactive(input$run_model, {
  req(processed_data(), input$weight_var, input$predictor_vars,
      input$response_var1, input$response_var2)
  dat = processed_data()
  predictors = paste(input$predictor_vars, collapse = " + ")

  formula1 = as.formula(paste(input$response_var1, "~", predictors))
  formula2 = as.formula(paste(input$response_var2, "~", predictors))
```

```
    fit1 = lm(formula1, data = dat, weights = dat[[input$weight_var]])
    fit2 = lm(formula2, data = dat, weights = dat[[input$weight_var]])

    list(fit1 = fit1, fit2 = fit2)
  })

  output$regression_plots = renderPlot({
    req(model_results())

    p1 = modelplot(model_results()$fit1, conf_level = .95,
                  coef_omit = "Intercept") +
      aes(color = ifelse(p.value < 0.05, "Significant", "Not significant"))
+
      scale_color_manual(values = c("gray", "blue")) +
      geom_vline(xintercept = 0, color = 'orange') +
      theme(legend.position = "none") +
      xlim(c(-0.5, 0.7)) +
      ggtitle("Model 1")

    p2 = modelplot(model_results()$fit2, conf_level = .95,
                  coef_omit = "Intercept") +
      aes(color = ifelse(p.value < 0.05, "Significant", "Not significant"))
+
      scale_color_manual(values = c("gray", "blue")) +
      geom_vline(xintercept = 0, color = 'orange') +
      theme(legend.position = "none") +
      xlim(c(-0.5, 0.7)) +
      ggtitle("Model 2")

    grid.arrange(p1, p2, ncol = 2)
  })
}

shinyApp(ui, server)
```

코드 작성에 사용된 주요 함수들을 역시 애플리케이션 기능 측면에서 살펴보면 아래와 같다.

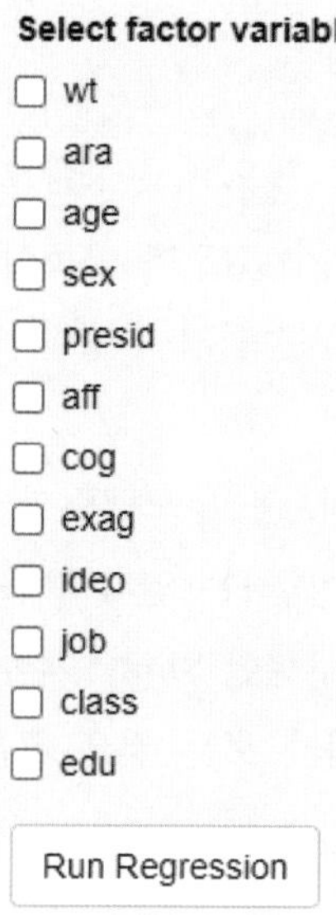

그림 13.8 회귀분석 실행 버튼

- `eventReactive()`: 사용자가 `Run Regression` 버튼을 클릭했을 때 회귀분석을 실행하도록 설정한다.
- `lm()`: 사용자가 선택한 반응 변수와 예측 변수를 기반으로 회귀 모델을 생성한다.
- `summary()`: 회귀분석 결과를 출력하며, 두 개의 모델을 각각 요약하여 비교할 수 있도록 구성한다.

위 애플리케이션을 실행하면 그림 13.9와 같이 사용자가 직접 반응 변수와 예측

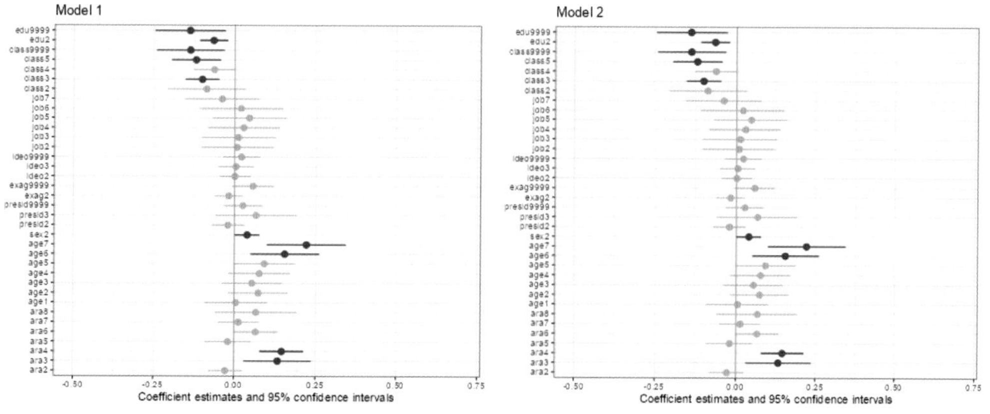

그림 13.9 model summary

변수를 선택하고, 필요시 특정 변수를 범주형으로 변환한 후, 버튼 클릭 한 번으로 회귀 분석을 실행할 수 있다.

또한, `tabPanel()`을 활용하여 애플리케이션을 여러 개의 탭으로 구성함으로써 데이터 탐색 → 변수 분석 → 회귀 분석을 체계적으로 수행할 수 있도록 구조화하였으며, 각 기능을 독립적으로 구성하여 사용자가 원하는 분석을 손쉽게 수행할 수 있도록 설계하였다.

이번 예제를 통해 Shiny를 활용하면 데이터 전처리, 시각화, 통계 모델링까지 웹 애플리케이션 형태로 통합할 수 있으며, 실시간으로 분석을 수행하는 인터랙티브 도구를 구축할 수 있다는 점을 확인할 수 있었다. 이 섹션에서 구현한 Shiny 애플리케이션 구조에 추가로 다양한 분석 기능 및 시각화 기능을 추가해 보는 것은 좋은 학습 경험이 될 것이라고 생각한다.

VI부

부록

14장

R과 RStudio 활용을 위한 기초

14.1 R과 RStudio의 설치 및 패키지 설치

R은 The Comprehensive R Archive Network(CRAN; https://cran.r-project.org)에서 설치할 수 있다. 해당되는 운영체제(리눅스, 맥OS, 윈도우)에 맞게 링크를 선택하면 된다. R은 프로그래밍 언어로 주로 RStudio라는 통합 개발 환경(Integrated Development Environment; IDE)를 통해 활용된다. RStudio를 사용하면 R을 더 쉽게 활용할 수 있기 때문에 이 책에서도 RStudio를 활용하고 있다. RStudio는 https://posit.co/download/rstudio-desktop에서 무료로 다운로드하여 설치할 수 있다.

R 설치 시 자동으로 설치되는 기본 패키지(base package)와 추천 패키지(recommended package)가 있지만 기능을 다양하게 확장하기 위해서 R 패키지를 추가로 설치해야 한다. R 패키지란 함수, 데이터, 문서의 집합체를 말한다. R 패키지는 다음과 같은 방법으로 설치할 수 있다. 여기서 `pkg_name`은 설치하고자 하는 패키지의 이름을 의미한다.

```
install.packages("pkg_name")
```

혹은 `c()` 함수를 사용하여 여러 패키지를 동시에 설치할 수도 있다.

```
install.packages(c("ggplot2", "palmerpenguins"))
```

패키지 설치 후 사용을 위해서는 `library()`함수를 사용해 작업 환경(environment)에 불러올 수 있다.

```
library(pkg_name)
```

패키지의 설치 경로(path)는 `.libPaths()` 함수를 실행하여 확인할 수 있다. 추가로 여러 코드를 참고하다 보면 패키지의 이름을 벡터로 저장한 뒤 `installed.packages()` 함수를 활용하여 현재 R 환경에 설치되지 않은 패키지만 설치하고, 이후 여러 패키지를 번에 불러오는 방식의 코드를 자주 볼 수 있다. 하지만 1장에서 설명한 것처럼 패키지와 버전을 따로 관리한다면 이런 코드는 별도로 필요하지 않을 것이다.

14.2 경로 관리

R에서 경로 관리는 데이터 불러오기, 저장 그리고 프로젝트 재현성[28)]을 위해 필수적인 작업이다. 작업 경로(Working Directory)는 파일의 기본 경로로 현재 작업하고 있는 경로를 확인하기 위해서 다음 명령어를 사용한다.

```
getwd()
[1] "C:/Users/advanced_R_book"
```

`setwd()` 함수는 새로운 작업 경로를 설정할 때 사용된다. 이 함수를 통해 원하는 경로를 작업 경로로 지정할 수 있다. 예를 들어 다음과 같이 경로를 설정할 수 있다.

```
setwd("C:/Users/Documents/advanced_R_book")
```

R에서 프로젝트를 사용하면 작업 경로를 프로젝트 폴더로 고정할 수 있다. 이 부

28) 어떤 연구를 똑같이 다시 반복함으로써 기존 원본에서 보고되었던 결과가 똑같이 다시 나타나는지를 관찰하는 것으로 이해할 수 있다.

분은 1장에서 자세하게 설명하고 있다. 프로젝트를 사용하는 경우 `.Rproj` 파일이 있는 위치가 작업 경로로 지정되므로 여기서부터의 경로를 필요한 경우 입력하면 된다.

14.3 R 객체

R은 데이터 분석과 프로그래밍을 위한 다양한 데이터 구조를 제공한다. 이런 데이터 구조는 데이터를 효율적으로 저장하고 처리하기 위해 설계되었으며 각각 고유한 특징과 활용 사례를 가지고 있다. 주로 사용하는 데이터 구조에는 벡터(vector), 행렬(matrix), 배열(array), 리스트(list) 그리고 데이터 프레임(data frame)이 있다. R에서 변수에 객체를 할당하기 위해서는 할당 연산자인 `<-`나 `=`를 사용할 수 있다. 두 연산자의 기능은 약간의 차이가 있지만 이 책의 내용을 실습하기 위해서는 동일하게 사용할 수 있다. R 커뮤니티에서는 `<-`를 더 흔하게 사용하는 듯한데 이 책은 `=` 연산자를 주로 사용할 예정이다. 실습 과정에서 `=` 부분을 `<-`로 바꿔서 사용해도 무방하다.

14.3.1 벡터

벡터는 R에서 가장 기본적인 데이터 구조로 동일한 자료형의 데이터 요소를 저장하는 일차원 배열이다. 벡터는 실수형(double), 정수형(integer), 문자형(character), 논리형(logical) 등 다양한 자료형의 데이터를 저장할 수 있으며 데이터 분석과 프로그래밍의 기본 단위로 자주 사용된다.

14.3.1.1 수치형(numeric)

수치형 벡터는 기본 자료형인 실수형(double)과 정수형(integer)로 나눌 수 있으며 정수형은 `L`을 붙여 명시적으로 지정할 수 있다.

```
odd = c(1, 3, 5, 7, 9)
odd
[1] 1 3 5 7 9
typeof(odd)
```

```
[1] "double"
odd_L = c(1L, 3L, 5L, 7L, 9L)
odd_L
[1] 1 3 5 7 9
typeof(odd_L)
[1] "integer"
```

14.3.1.2 문자형(character)

문자형 벡터는 문자 또는 문자열 데이터를 저장한다.

```
txt = c("Advanced", "R", "Book")
txt
[1] "Advanced" "R"        "Book"
typeof(txt)
[1] "character"
```

14.3.1.3 논리형(logical)

논리형 벡터는 TRUE 또는 FALSE 값을 저장한다. 논리형은 비교를 위해서 필수적으로 사용된다.

```
3.14 > 3
[1] TRUE
logic = c(FALSE, TRUE)
logic
[1] FALSE  TRUE
typeof(logic)
[1] "logical"
```

14.3.2 행렬

행렬은 R에서 2차원 데이터를 저장하는 객체로 동일한 자료형의 데이터를 행(row)과 열(column)로 구성한다. 행렬은 주로 수치 데이터를 다룰 때 사용되며 수학적 연산에 적합하다. `matrix()` 함수를 사용하여 행렬을 생성할 수 있다.

```
vec = c(1:10)
vec
 [1]  1  2  3  4  5  6  7  8  9 10
mat = matrix(vec, nrow = 2, ncol = 5)
mat
     [,1] [,2] [,3] [,4] [,5]
[1,]    1    3    5    7    9
[2,]    2    4    6    8   10
```

matrix() 함수는 데이터를 열 방향으로 채우는 것이 기본값으로 설정되어 있다. 따라서 데이터를 행 방향으로 채우고 싶다면 **byrow = TRUE** 옵션을 통해 설정할 수 있다.

```
mat1 = matrix(vec, nrow = 2, ncol = 5, byrow = TRUE)
mat1
     [,1] [,2] [,3] [,4] [,5]
[1,]    1    2    3    4    5
[2,]    6    7    8    9   10
```

14.3.3 배열

배열은 R에서 다차원 데이터를 저장하는 객체로 동일한 자료형을 가진 데이터 요소들이 정해진 차원 구조로 저장된다. **array()** 함수를 사용하여 생성하며 2차원 이상의 데이터 구조로 행, 열, 차원을 포함한다.

```
arr = array(1:30, dim = c(3, 5, 2))
arr
, , 1

     [,1] [,2] [,3] [,4] [,5]
[1,]    1    4    7   10   13
[2,]    2    5    8   11   14
[3,]    3    6    9   12   15
```

```
, , 2

     [,1] [,2] [,3] [,4] [,5]
[1,]   16   19   22   25   28
[2,]   17   20   23   26   29
[3,]   18   21   24   27   30
```

14.3.4 리스트

리스트는 R에서 다양한 데이터 유형과 구조를 함께 저장할 수 있는 가장 유연한 데이터 구조이다. 리스트는 숫자, 문자, 벡터, 행렬, 데이터 프레임, 심지어 다른 리스트까지 포함할 수 있다. 이는 서로 다른 크기와 유형의 데이터를 하나의 객체로 관리할 수 있도록 해준다. **list()** 함수를 사용하여 생성하며 각 요소의 이름을 지정할 수도 있다.

```
lst = list(name = "Alice",
           age = 25,
           subject = c("math", "science", "english"),
           score = matrix(c(90, 85, 88, 75, 83, 90),
                          nrow = 2,
                          dimnames = list(c("Midterm", "Final"),
                                          c("math", "science",  "english"))))
lst
$name
[1] "Alice"

$age
[1] 25

$subject
[1] "math"    "science" "english"

$score
        math science english
Midterm   90      88      83
Final     85      75      90
```

14.3.5 데이터 프레임

데이터 프레임은 R에서 가장 널리 사용되는 데이터 구조로 표 형식의 데이터를 저장하기 위한 객체이다. 데이터 프레임은 행과 열로 구성되며 각 열은 동일한 자료형을 가지되 열 간에는 서로 다른 자료형을 포함할 수 있다. 이는 데이터 프레임이 현실의 표 형식 데이터를 효과적으로 표현할 수 있도록 한다. 데이터 프레임은 **data.frame()** 함수를 사용하여 생성할 수 있으며 리스트의 특수한 형태로 각 열이 동일한 길이의 벡터로 구성된다.

```
df = data.frame(Name = c("Alice", "Bob", "Charlie"),
                Age = c(25, 30, 35),
                Score = c(90, 93, 88))
df
     Name Age Score
1   Alice  25    90
2     Bob  30    93
3 Charlie  35    88
```

특정 열에 접근하기 위해서 **$** 또는 **[[ ]]** 연산자를 사용할 수 있다.

```
df$Age
[1] 25 30 35
df[[2]]
[1] 25 30 35
```

특정 행에 접근하기 위해서는 **[ ]** 연산자를 사용하면 된다.

```
df[1, ]  # 첫 번째 행
   Name Age Score
1 Alice  25    90
df[2, 1] # 두 번째 행, 첫 번째 열
[1] "Bob"
```

리스트는 서로 다른 크기와 유형의 데이터를 포함할 수 있는 반면 데이터 프레임은 각 열의 길이가 동일해야 한다.

14.4 반복문과 조건문

R에는 일반적인 프로그래밍 언어들과 마찬가지로 반복문과 조건문을 작성하기 위한 문법이 존재한다. 반복을 위해서는 `for` 문과 `while` 문으로 작성할 수 있으며(`repeat`를 이용한 방법도 있지만 많이 사용하지 않는다), 조건에 따라 분기를 만들기 위해서 `if`, `else if`, `else`를 사용할 수 있다.

14.4.1 반복문 기초 문법

`for` 문은 주어진 코드를 입력한 집합의 원소 개수만큼 반복적으로 수행한다. 간단한 예로 1부터 5까지 원소를 출력하기 위해서 출력을 위한 `print()` 함수를 아래와 같이 반복적으로 실행할 수 있다.

```
for (i in 1:5)
{
  print(i)
}
[1] 1
[1] 2
[1] 3
[1] 4
[1] 5
```

중괄호 안에 내용이 반복 실행될 코드이며, 코드가 위와 같이 한 줄인 경우 중괄호를 생략할 수 있고, 조건 바로 옆에서 중괄호를 열어 코드를 작성할 수도 있다. 이러한 작성법은 아래에서 설명할 `while` 문과 조건문, 함수의 작성에서도 모두 사용할 수 있다. 이때 반복을 위한 원소의 집합이 반드시 숫자일 필요는 없다. 예를 들어 아래와 같이 문자열 벡터를 이용한 연산도 가능하다.

```
for (string in c("advanced", "R", "book", "study"))
{
  print(string)
}
```

```
[1] "advanced"
[1] "R"
[1] "book"
[1] "study"
```

while 문은 조금 다르게 동작하는데, 주어진 조건이 TRUE를 만족하는 동안 작업을 반복적으로 수행한다. while은 각 반복의 시작 부분에서 조건에 대한 테스트를 수행하여 조건이 TRUE면 작업을 수행하고 FALSE인 경우 반복을 종료한다. 1부터 5까지 원소를 출력하는 작업을 while 문으로 작성하면 아래와 같다.

```
i = 1
while (i <= 5)
{
  print(i)
  i = i + 1
}
[1] 1
[1] 2
[1] 3
[1] 4
[1] 5
```

i가 반복 작업을 수행하면서 1씩 커지고 있으므로 i가 6이 되는 순간 조건이 FALSE가 되어 반복이 종료된다.

14.4.2 조건문 기초 문법

조건문은 코드를 작성할 때 분기를 만들기 위해 사용한다. R에서도 조건문을 사용하여 특정 조건에 따라 다른 코드를 실행할 수 있다. 이 조건문은 if, else if, else 키워드로 구성된다. 그 기본적인 구조는 다음과 같다.

```
if (조건1)
{
```

```
  # 조건1이 참일 경우 실행할 코드
} else if (조건2)
{
  # 조건2가 참일 경우 실행할 코드
} else
{
  # 위의 모든 조건이 거짓일 경우 실행할 코드
}
```

여기서 if는 조건이 만족하는 경우 실행할 작업을 지정하기 위해 사용한다. else if와 else는 필수로 입력해야 하는 것은 아니며, 조건이 여러 개일 경우 else if를 사용하여 조건을 추가할 수 있고, 조건이 TRUE가 아닌 모든 경우에 대해 실행하는 코드를 작성하기 위해 else를 추가할 수 있다. 예를 들어 아래 코드는 주어진 숫자가 양수, 음수 또는 0인지 판단하는 예제이다.

```
num = -5

if (num > 0)
{
  print("positive")
} else if (num < 0)
{
  print("negative")
} else
{
  print("zero")
}
[1] "negative"
```

14.5 함수의 정의 및 호출

코드를 주요 작업 단위로 나누고 중복없이 효율적으로 관리하면서 재사용하기 위해 함수를 정의할 수 있다. R에서는 function 키워드를 사용하여 사용자 정의 함수(user-defined function)를 작성할 수 있다. 함수를 정의한 후 호출하면 원하는 동작을 수행할 수 있다. 함수 작성을 위한 기본 문법은 아래와 같다.

```
function_name = function(arg1, arg2, ...)
{
  # 함수 내부에서 수행할 코드

  return(return_value)
}
```

여기서 `function_name`은 함수 호출에 사용할 이름이고, `arg1`, `arg2`, ...은 함수에 전달할 매개변수(parameter)의 입력값으로 필요에 따라 여러 개를 정의할 수 있다. `return()`은 함수의 결과를 반환하는 키워드로, 명시하지 않는 경우 마지막 계산 결과를 반환한다. 아래 예제는 두 숫자의 합을 계산하는 함수를 정의하고 호출하는 방법을 보여준다.

```
# 함수 정의
add_numbers = function(x, y)
{
  sum = x + y
  return(sum)
}

# 함수 호출
result = add_numbers(3, 5)
print(result)
[1] 8
```

함수를 정의할 때 매개변수들의 기본값(default value)을 설정할 수 있는데, 해당 매개변수에 값이 전달되지 않으면 기본값을 사용하여 작업을 수행한다. 아래 예를 통해서 매개변수의 기본값 유무에 따른 동작의 차이를 확인할 수 있다.

```
# 함수 정의
greet = function(name = "사용자")
{
  return(paste("안녕하세요,", name, "!"))
```

```
}

# 함수 호출
greet()
[1] "안녕하세요, 사용자 !"
greet("철수")
[1] "안녕하세요, 철수 !"
```

15장

R의 디렉터리 및 작업 관리

이 장에서는 R에서 파일 및 디렉터리(directory)를 관리하는 함수들 및 작업 관리와 관련된 간단한 함수들을 소개한다. 이러한 함수들은 R의 핵심 데이터 분석 기능과는 독립적이지만 필요한 경우 같이 사용하면 편리한 기능을 제공한다. 예를 들어 데이터 분석 과정에서 `dir()`함수를 (필요한 경우 문자열 패턴(pattern)과 결합하여) 여러개의 파일 이름을 리스트로 변수(`e.g. l`)에 저장하고, `do.call(rbind, l)`, `rbindlist(l)` (`data.table`을 사용하는 경우) 등 함수를 통해 하나의 파일로 합쳐서 분석할 수 있다. 또한 터미널(terminal) 명령어를 사용하지 않고 데이터 분석 및 프로그래밍 과정에서 생성되는 그림 및 파일들을 특정 디렉터리에서 관리할 수도 있고, `sink()` 함수를 `xtable`, `modelsummary` 등 도구와 같이 사용하여 자동(혹은 반자동)으로 보고서와 논문 작성을 하거나 표를 생성할 수도 있다. 이 장의 내용은 기억해 둘 필요 없이 가볍게 훑어보고 필요한 경우 찾아서 사용하면 유용할 것이다.

15.1 파일 및 디렉터리 관련 기본 함수

현재 작업 디렉터리 확인

```
getwd()
```

■ 작업 디렉터리 변경

```
setwd("C:/my_project")
```

■ 디렉터리의 모든 파일 목록 출력

```
dir(path = ".") # 기본값이 현재 작업 경로
```

■ 디렉터리의 모든 파일 목록 출력 (dir()과 동일)

```
list.files(path = ".")
```

■ 빈 파일 생성

```
file.create("newfile.txt")
```

■ 파일이 존재하는지 확인

```
file.exists("newfile.txt")
```

■ 파일 이름 변경

```
file.rename("newfile.txt", "renamed_file.txt")
```

■ 파일 삭제

```
file.remove("renamed_file.txt")
```

■ 파일 복사

```
file.copy("source.txt", "destination.txt")
```

■ 파일 또는 디렉터리를 삭제 (디렉터리 삭제 시 recursive = TRUE 필요)

```
unlink("folder", recursive = TRUE)
```

15.2 디렉터리 생성 및 관리

새로운 디렉터리 생성

```
dir.create("new_folder")
```

디렉터리 존재 여부 확인

```
dir.exists("new_folder")
```

디렉터리 및 내용 삭제

```
unlink("new_folder", recursive = TRUE)
```

15.3 경로 및 파일 처리

지정한 경로를 절대경로로 변환

```
normalizePath("relative/path/to/file")
```

파일 이름만 반환

```
basename("/path/to/file.txt")
```

디렉터리 이름만 반환

```
dirname("/path/to/file.txt")
```

사용자 홈 디렉터리를 포함하여 경로를 확장

```
path.expand("~/my_folder")
```

디렉터리 경로를 결합하여 플랫폼 독립적인 경로 생성

```
file.path("folder", "subfolder", "file.txt")
```

파일 경로 패턴을 사용해 파일 목록 반환

```
Sys.glob("*.csv")
```

15.4 스크립트 실행 및 작업 관리

R 스크립트 실행

```
source("script.R")
```

출력 결과를 파일로 저장

```
sink(file = "output.txt")
```

저장이 완료된 이후 콘솔로 돌아오기 위해서 아래와 같이 NULL 입력

```
sink(file = NULL)
```

R 객체를 .RData 파일로 저장

```
save(my_data, file="data.RData")
```

.RData 파일을 로드하여 객체 복원

```
load("data.RData")
```

시스템 명령어 실행 (예: 쉘 명령어)

```
system("ls -l")
```

16장

터미널에서 R 실행하기

R은 그래픽 유저 인터페이스(Graphic User Interface; GUI) 환경(RStudio 등)뿐만 아니라 터미널(terminal)에서도 실행할 수 있다. 서버 컴퓨터에서 작업하거나 대규모 데이터 분석을 수행할 때 R을 터미널에서 실행하는 경우가 많다. 이 장에서는 터미널 환경에서 R을 실행하는 방법과 유용한 명령어들을 정리한다. 대부분의 서버 컴퓨터의 운영체제는 Unix 계열이기 때문에 이를 기준으로 작성하였다. 다른 환경에서 작업이 필요한 경우 이 내용을 바탕으로 필요한 내용을 쉽게 검색할 수 있을 것이다.

16.1 터미널에서 R 실행하기

16.1.1 R 인터프리터 실행

터미널에서 아래 명령어를 입력하면 R 인터프리터(interpreter)가 실행된다. 만약 R이 설치되어 있는데 실행되지 않는다면 사용하는 운영체제에 맞게 PATH를 추가해 주면 된다.

```
R
```

이를 통해 R 콘솔 환경이 시작되며, RStudio 없이도 R 코드를 실행할 수 있다.

종료하려면 q()를 입력하고 세션을 종료할지 묻는 프롬프트에서 n 또는 y를 입력하면 된다.

```
q()
```

16.1.2 R 스크립트 실행

R 스크립트(script)를 터미널에서 실행하려면 Rscript 또는 R CMD BATCH를 사용할 수 있다.

16.1.2.1 Rscript

R 코드를 포함한 스크립트(script.R)를 실행하는 기본적인 방법은 다음과 같다.

```
Rscript script.R
```

스크립트 실행 시 인자를 전달할 수도 있다.

```
Rscript script.R arg1 arg2
```

스크립트 내부에서 인자를 가져오려면 R 스크립트를 작성할 때 다음과 같이 작성한다.

```
args = commandArgs(trailingOnly = TRUE)
print(args)
```

터미널에서 여러 개의 인자를 입력하려면 스크립트 이름 뒤에 공백으로 구분해서 입력해 주고, R에서는 args[1], args[2], … 와 같은 형식으로 사용 가능하다.

16.1.2.2 R CMD BATCH

R CMD BATCH 명령을 사용하면 실행 결과를 자동으로 로그(log) 파일로 저장할 수 있다. R CMD BATCH를 사용하면 Rscript와 달리 실행 결과를 터미널에 출력하지 않고, 자동으로 파일(*.Rout)에 저장할 수 있다. 파일을 지정하려면 아래과 같

이 사용한다.

```
R CMD BATCH script.R output.log
```

위 명령어는 `script.R`을 실행한 후 결과를 `output.log` 파일에 저장한다.

16.2 서버 환경에서 자주 사용하는 명령어

16.2.1 백그라운드에서 R 실행

서버에서 장시간 실행되는 R 스크립트를 실행할 때는 백그라운드(background)에서 실행하도록 설정하는 것이 일반적이다.

```
nohup Rscript script.R &
```

이렇게 하면 터미널 세션(session)이 종료되더라도 `script.R`이 계속 실행된다. 기본적으로 실행 로그는 `nohup.out` 파일에 저장된다.

16.2.2 파일 및 디렉터리 관리

터미널에서 R과 함께 파일 및 폴더를 관리할 수 있다.

현재 작업 디렉터리 확인

```
pwd
```

디렉터리 이동

```
cd /path/to/directory
```

■ 상위 디렉터리로 이동

```
cd ..
```

■ 홈 디렉터리로 이동

```
cd ~
```

■ 파일 목록 확인

```
ls
```

■ 파일 목록 확인 (상세 정보 포함)

```
ls -l
```

■ 숨김 파일 포함 목록 확인

```
ls -la
```

■ 새 디렉터리 생성

```
mkdir new_folder
```

■ 빈 파일 생성

```
touch new_file.txt
```

■ 파일 삭제

```
rm file.txt
```

■ 디렉터리 삭제

```
rm -r folder_name
```

16.3 패키지 설치 및 라이브러리 경로 설정

서버 환경에서 패키지를 설치할 때 사용자의 홈 디렉터리(directory)에 설치하는 것이 일반적이다. 이를 위해 다음과 같이 설정할 수 있다.

```
install.packages("ggplot2", lib="~/R/library")
```

라이브러리(library)를 로드(load)할 때도 해당 경로(path)를 지정해 준다.

```
library(ggplot2, lib.loc="~/R/library")
```

16.4 정리

- 터미널에서 R을 입력하면 R 인터프리터가 실행된다.
- Rscript script.R로 R 스크립트를 실행할 수 있다.
- 백그라운드 실행은 nohup Rscript script.R &를 사용한다.
- 서버 환경에서는 별도의 라이브러리 경로를 설정할 수 있다.
- 기본적인 파일 및 디렉터리 명령어 (cd, ls, mkdir, rm)를 활용하면 효율적인 작업이 가능하다.

이러한 명령어들을 활용하면 서버 환경에서도 R을 효율적으로 사용할 수 있다. 직접 서버 환경에서 작업해야 하는 일이 생겼을 때 간단히 내용을 따라가 보면 큰 어려움 없이 적응해서 사용할 수 있을 것이다.

참고문헌

Bak, Kwan-Young, Jae-Hwan Jhong, JungJun Lee, Jae-Kyung Shin, and Ja-Yong Koo. 2021. "Penalized Logspline Density Estimation Using Total Variation Penalty." *Computational Statistics & Data Analysis* 153: 107060.

Boor, C. De. 1978. *A Practical Guide to Splines*. First. Springer-Verlag.

Chacon, Scott, and Ben Straub. 2014. *Pro Git*. Springer Nature.

Do, Ryemi, Kwan-Young Bak, Seung Yeon Lee, Myoungjee Jung, Seoyeon Kim, Deok Hyun Jang, Yookyung Eoh, and Won Mo Jang. 2025. "Comparison of Cognitive and Affective Dimensions of Multi-Risk Perception According to Sociodemographic Characteristics in a South Korean Population." *Sage Open*.

Fay, Colin, Sebastien Rochette, Vincent Guyader, and Cervan Girard. 2021. *Engineering Production-Grade Shiny Apps*. Chapman; Hall/CRC.

Friedman, Jerome, Trevor Hastie, Holger Hofling, and Robert Tibshirani. 2007. "Pathwise Coordinate Optimization" *The Annals of Applied Statistics* 1 (2): 302–32.

Geron, Aurelien. 2022. *Hands-on Machine Learning with Scikit-Learn, Keras, and TensorFlow*. O'Reilly Media, Inc.

Hastie, Trevor, Robert Tibshirani, and Jerome Friedman. 2009. *The Elements of Statistical Learning: Data Mining, Inference, and Prediction*. Second. Springer.

Healy, Kieran. 2018. *Data Visualization: A Practical Introduction*. Princeton University Press.

James, Gareth, Daniela Witten, Trevor Hastie, Robert Tibshirani, and Others. 2021. *An Introduction to Statistical Learning*. Second. Springer.

Jhong, Jae-Hwan, Seyoung Lee, Ja-Yong Koo, and Kwan-Young Bak. 2025. "Spheresmooth: An R Package for Penalized Piecewise Geodesic Curve Fitting on a Sphere." *R Journal* 17 (1).

Lee, Minjung, Seongoh Park, Sujin Seo, Mijin Kim, Seoyeon Kim, Haemin Yong, Kwan-Young Bak, and Myoungsoon You. 2024. "Dynamics of COVID-19 Risk Perception and Predictors in South Korea: A Two-Year Longitudinal Study from the Pandemic's Beginning (2020-2021)." *Journal of Risk Research*.

Scavetta, Rick J., and Boyan Angelov. 2021. *Python and R for the Modern Data Scientist*. O'Reilly Media, Inc.

Strang, Gilbert. 2012. *Linear Algebra and Its Applications*. Fourth.

Tibshirani, Robert. 1996. "Regression Shrinkage and Selection via the Lasso." *Journal of the Royal Statistical Society Series B: Statistical Methodology* 58 (1): 267–88.

Tseng, Paul. 2001. "Convergence of a Block Coordinate Descent Method for Nondifferentiable Minimization." *Journal of Optimization Theory and Applications* 109: 475–94.

Wickham, Hadley. 2019. *Advanced R*. Chapman; Hall/CRC.

Wickham, Hadley. 2021. *Mastering Shiny*. O'Reilly Media, Inc.

Wickham, Hadley, Mine Cetinkaya-Rundel, and Garrett Grolemund. 2023. *R for Data Science*. O'Reilly Media, Inc.

저자 소개

박관영
성신여자대학교 수리통계데이터사이언스학부 조교수

김경민
성신여자대학교 통계학과 석사과정

R 프로그래밍 with workflow design

저　　자 박관영 · 김경민
발 행 인 김지영
발 행 처 자유아카데미
주　　소 경기도 파주시 회동길 37-42
파주출판도시
전　　화 031-955-1321
팩　　스 031-955-1322
홈페이지 www.freeaca.com
전자우편 main@freeaca.com (대표)
editor@freeaca.com (편집)
crm@freeaca.com (영업)
등　　록 제406-2003-017호, 1980. 7. 12
제1판1쇄 2025년 8월 18일 발행

저자와의 협의하에 인지생략

ISBN 979-11-5808-744-9 93000